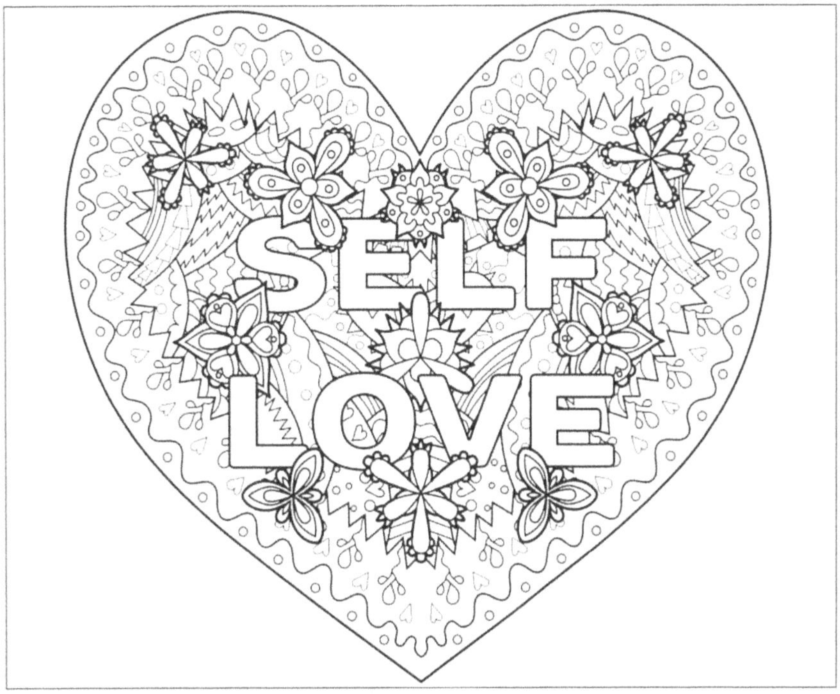

This Book Belongs To:

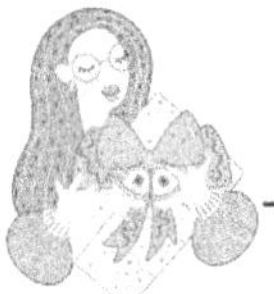

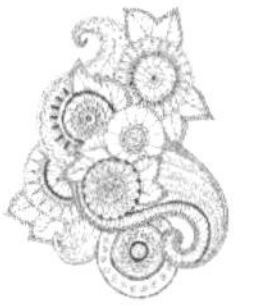

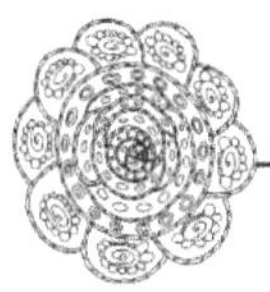

Test Your Color

Test Your Color

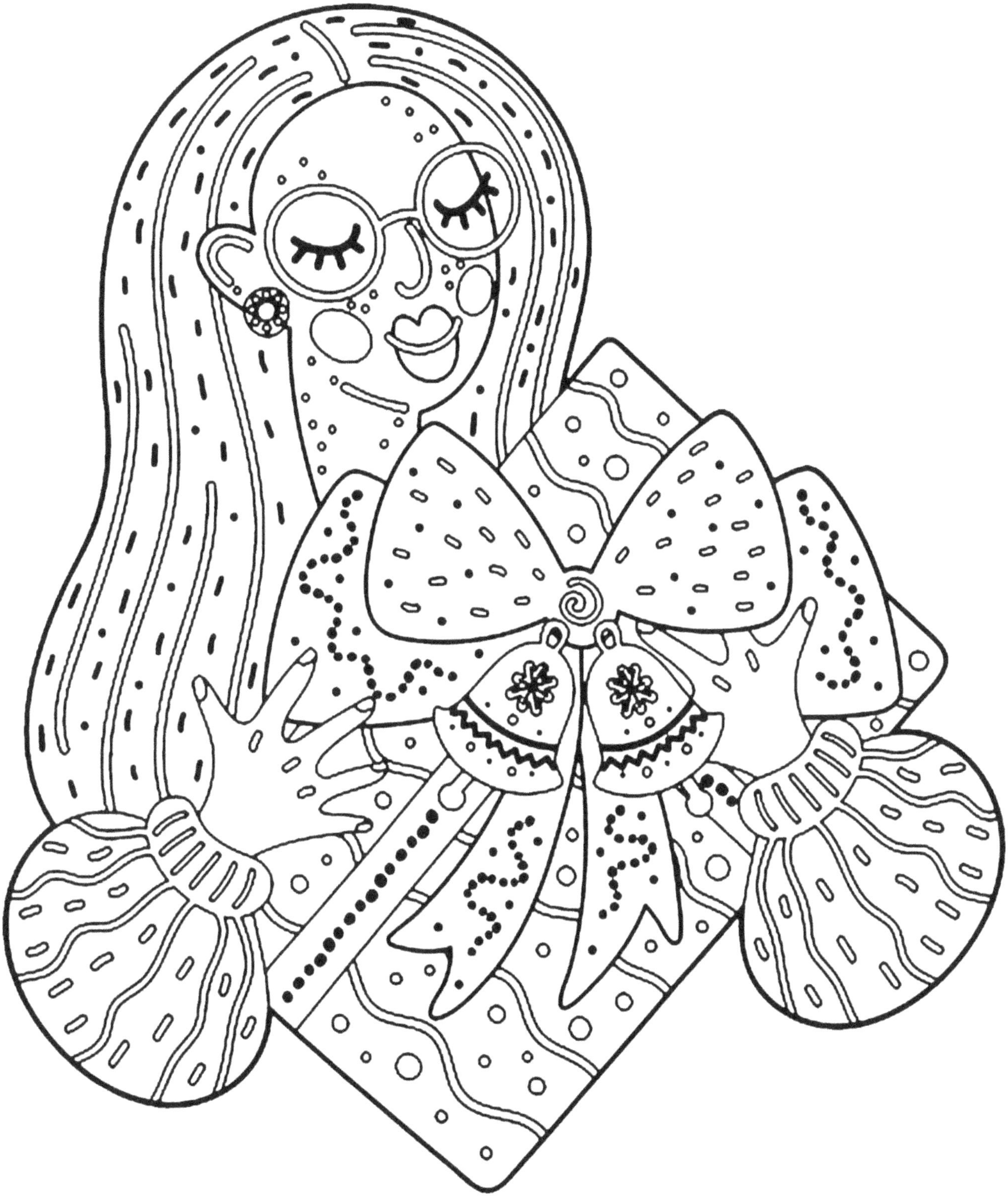

Test Your Color

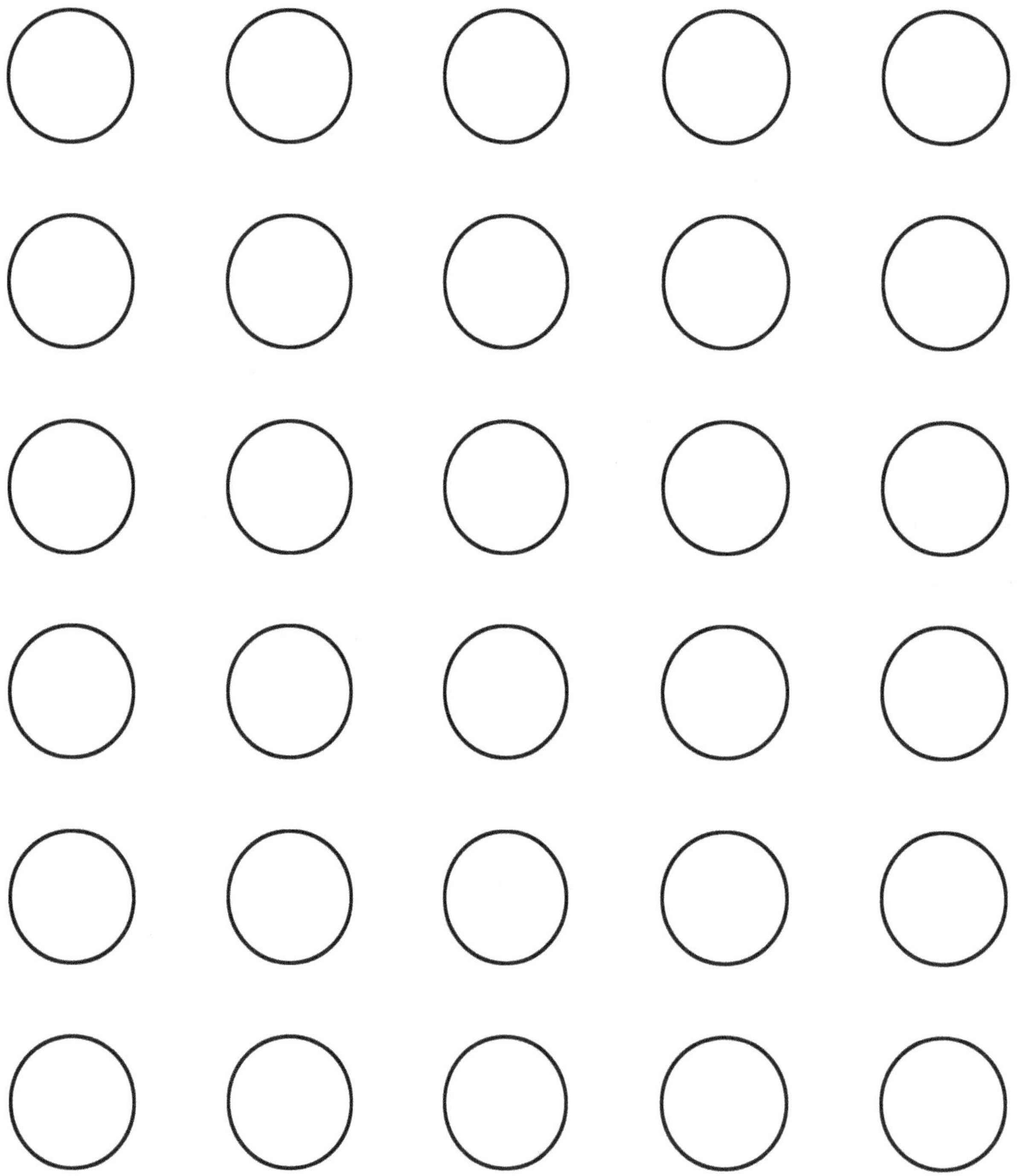

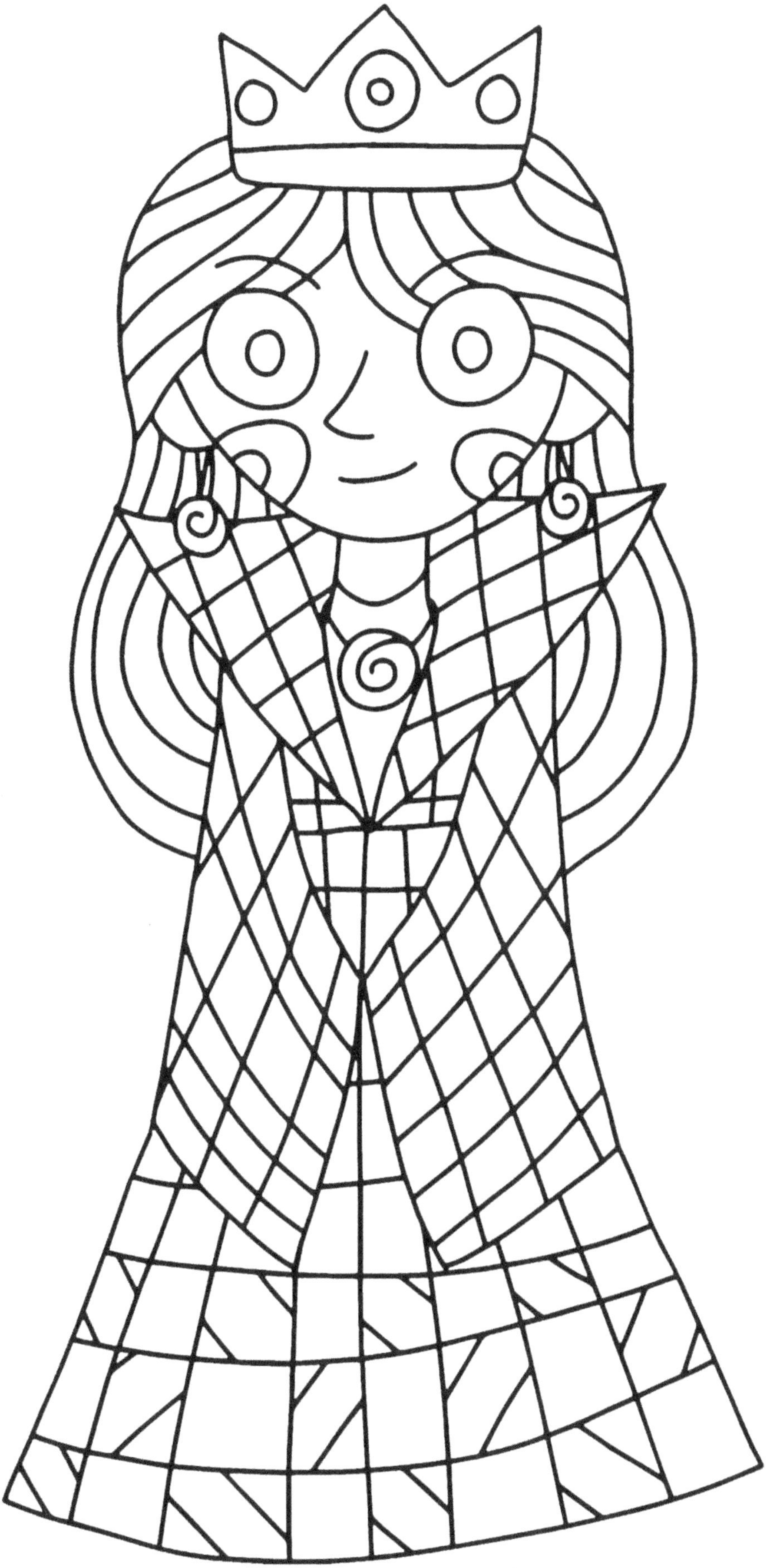

Test Your Color

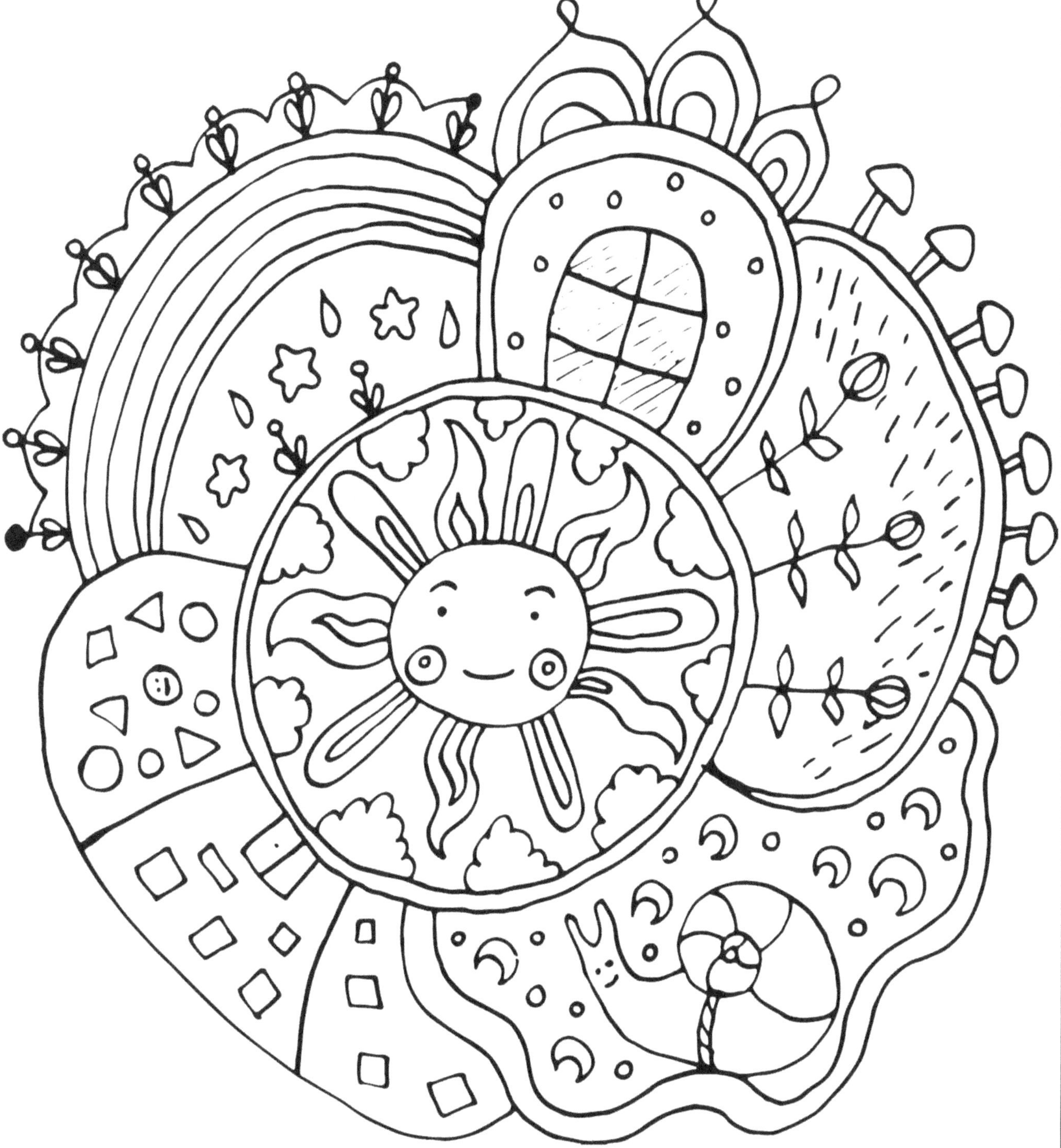

Test Your Color

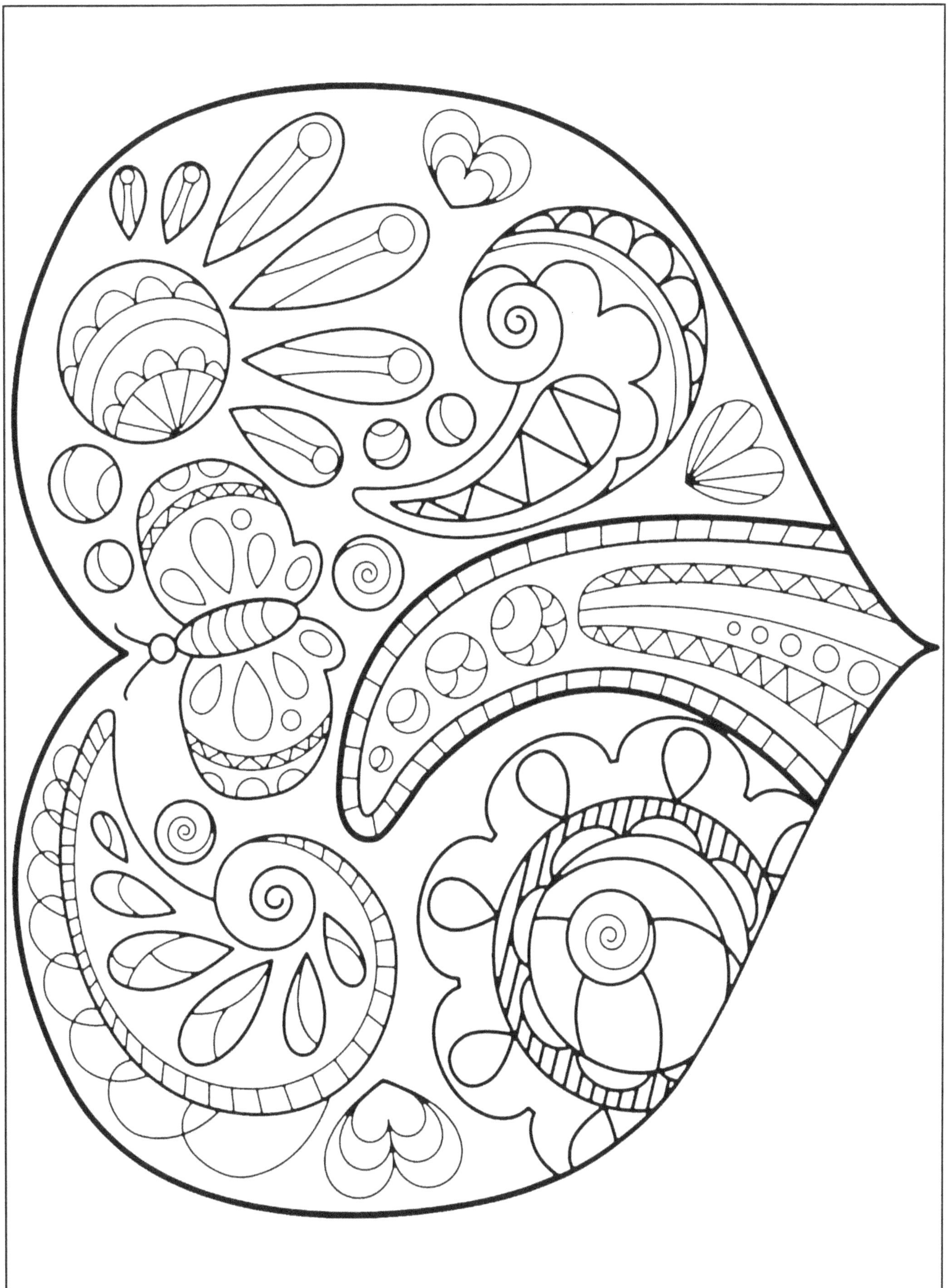

Test Your Color

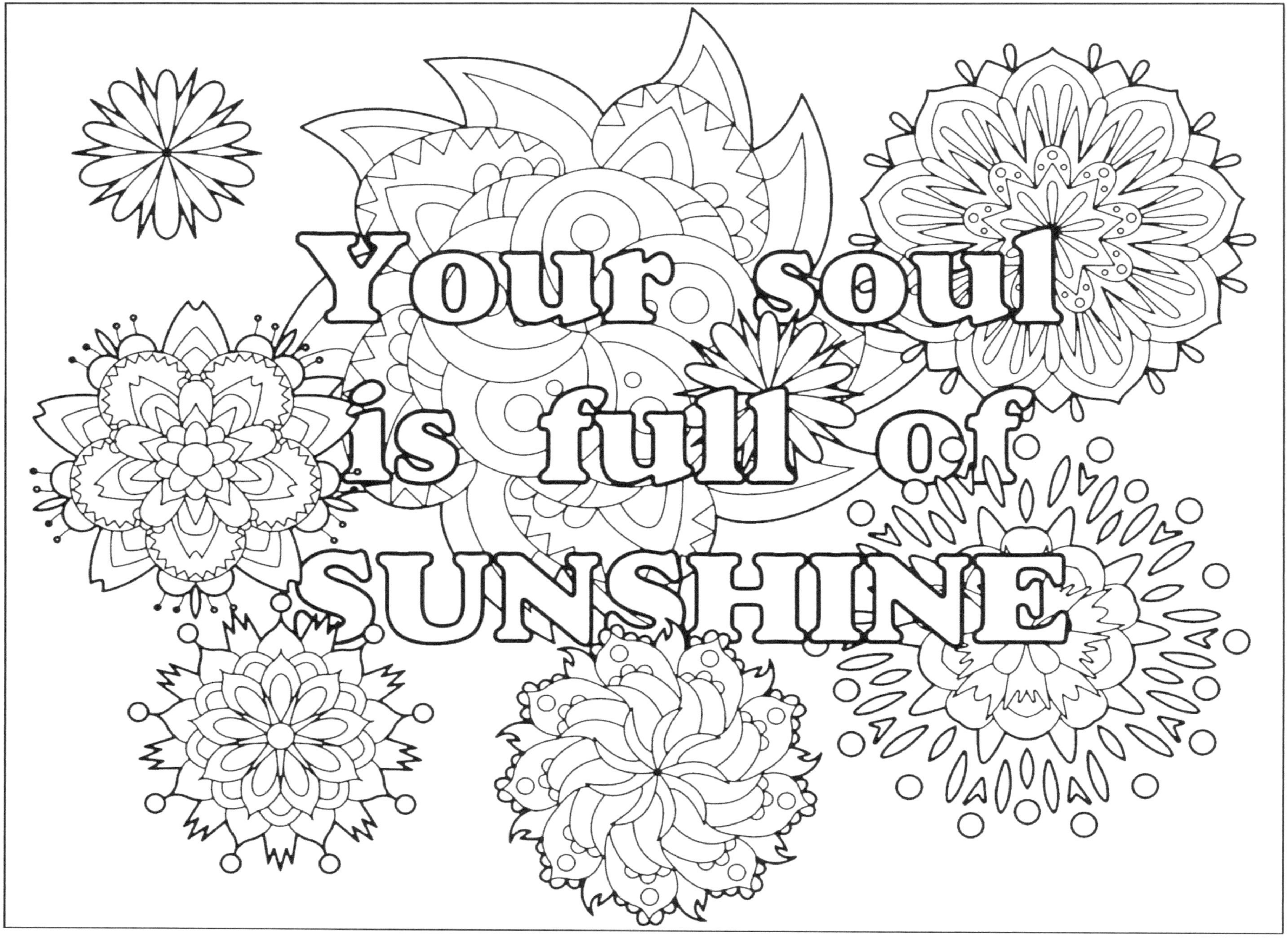
Your soul
is full of
SUNSHINE

Test Your Color

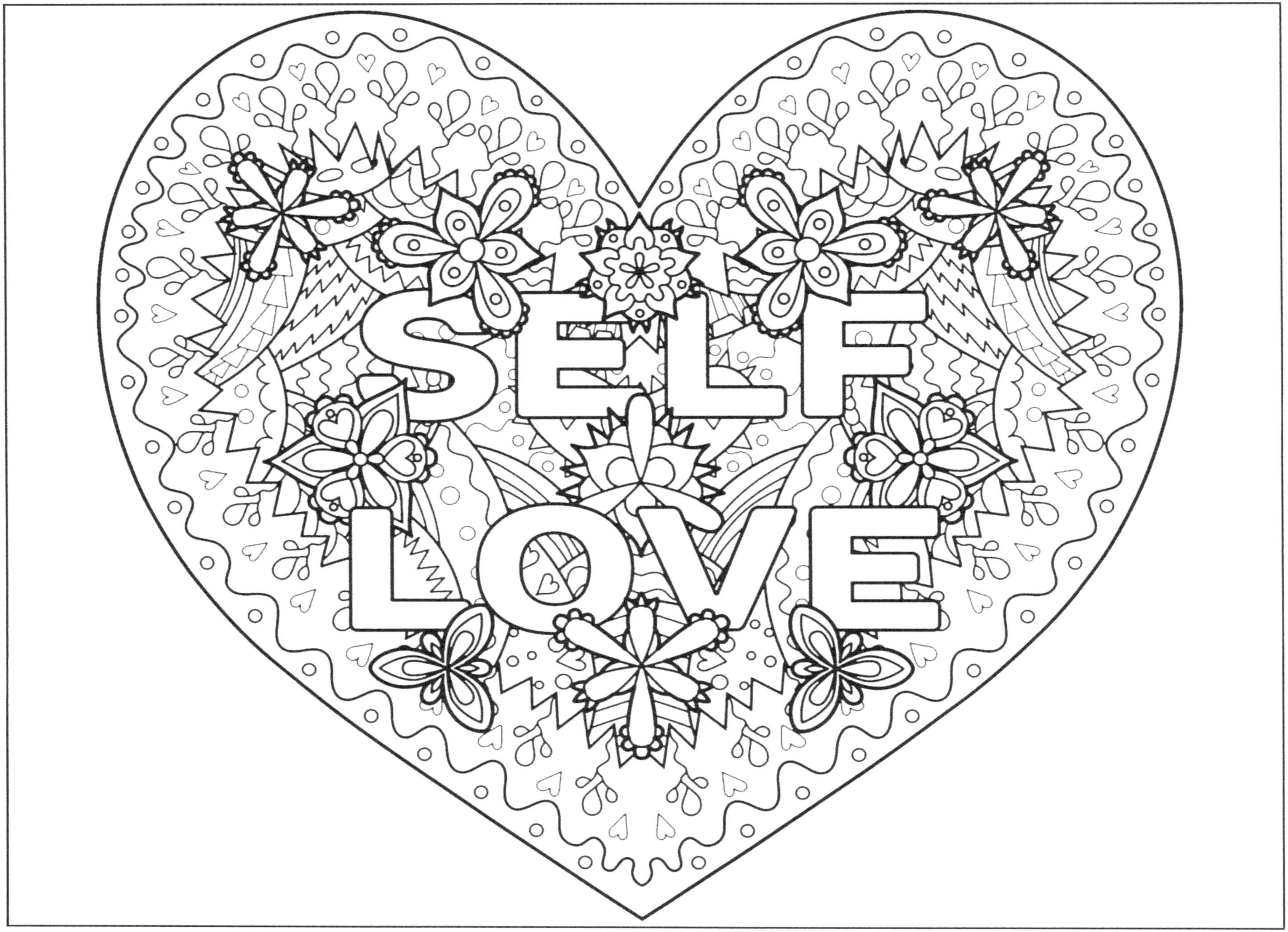
SELF
LOVE

Test Your Color

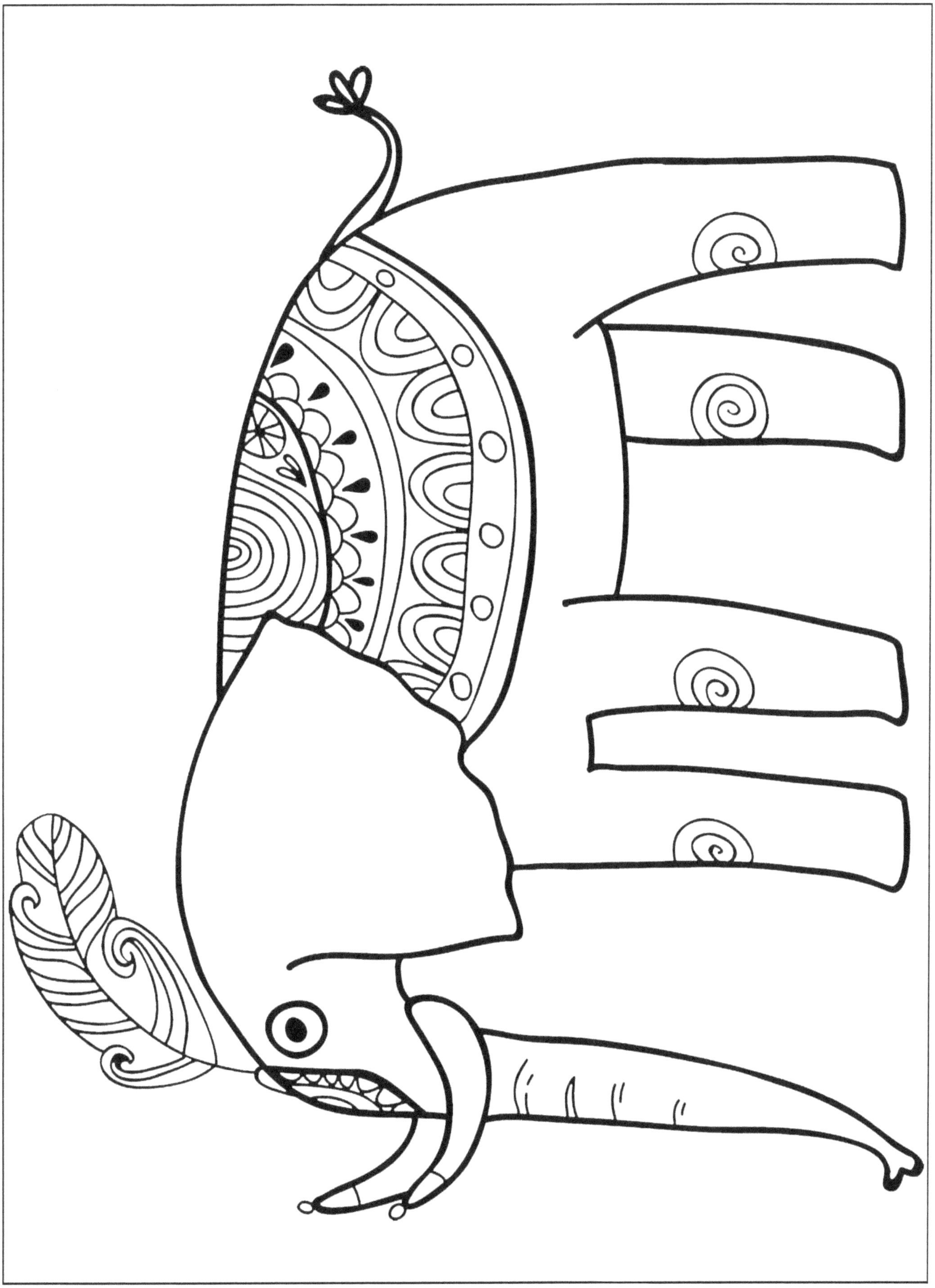

Test Your Color

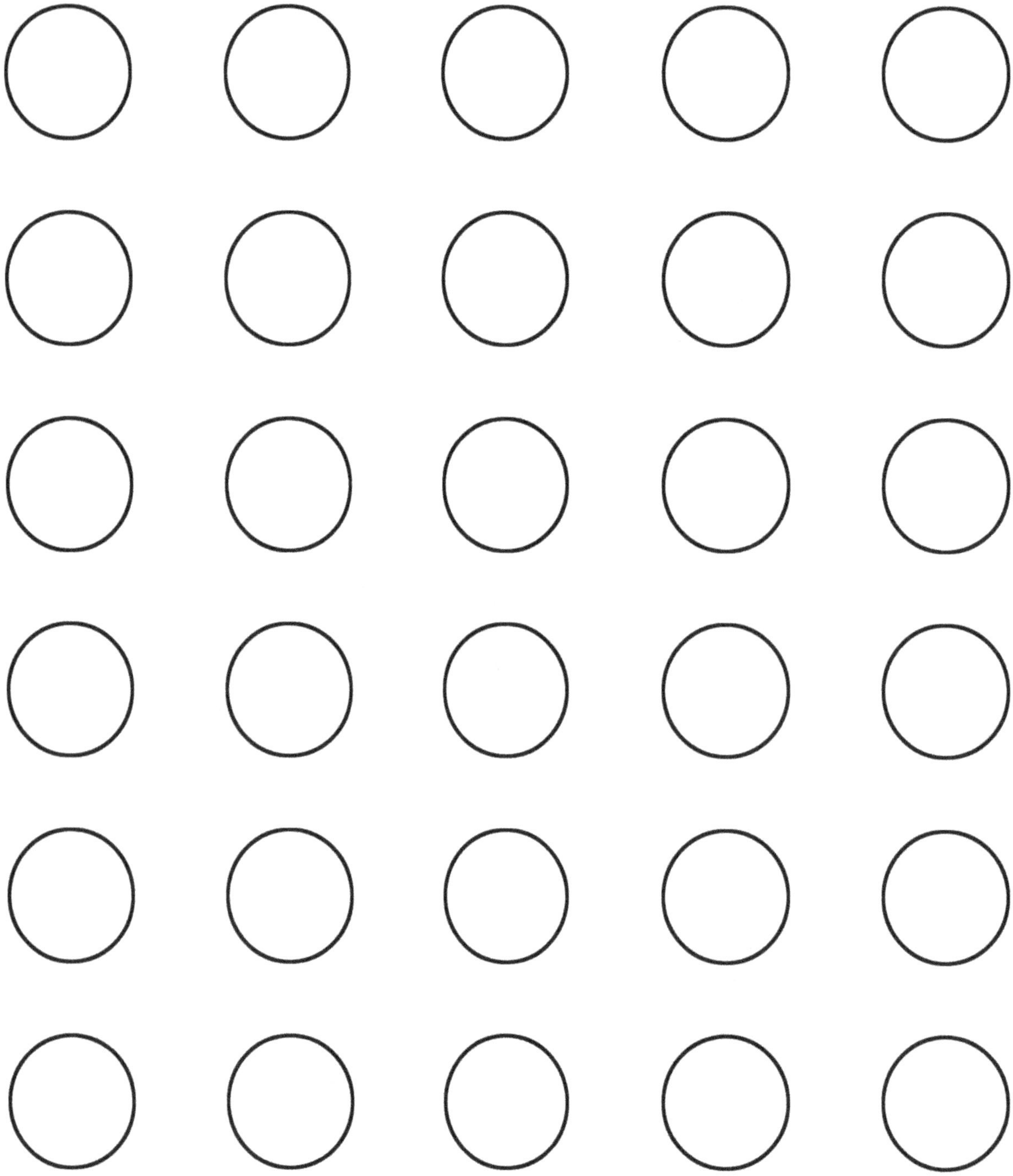

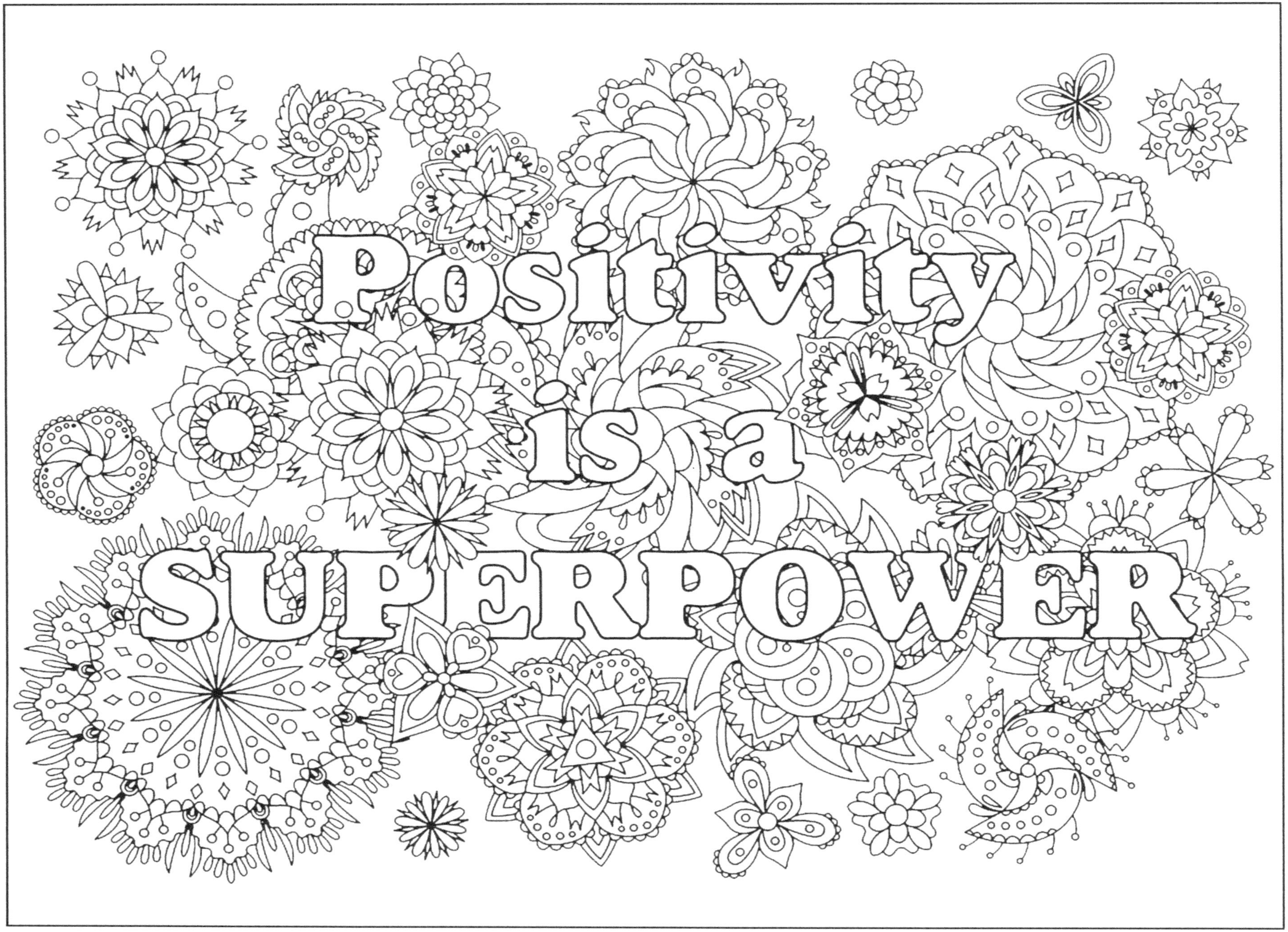
Positivity
is a
SUPERPOWER

Test Your Color

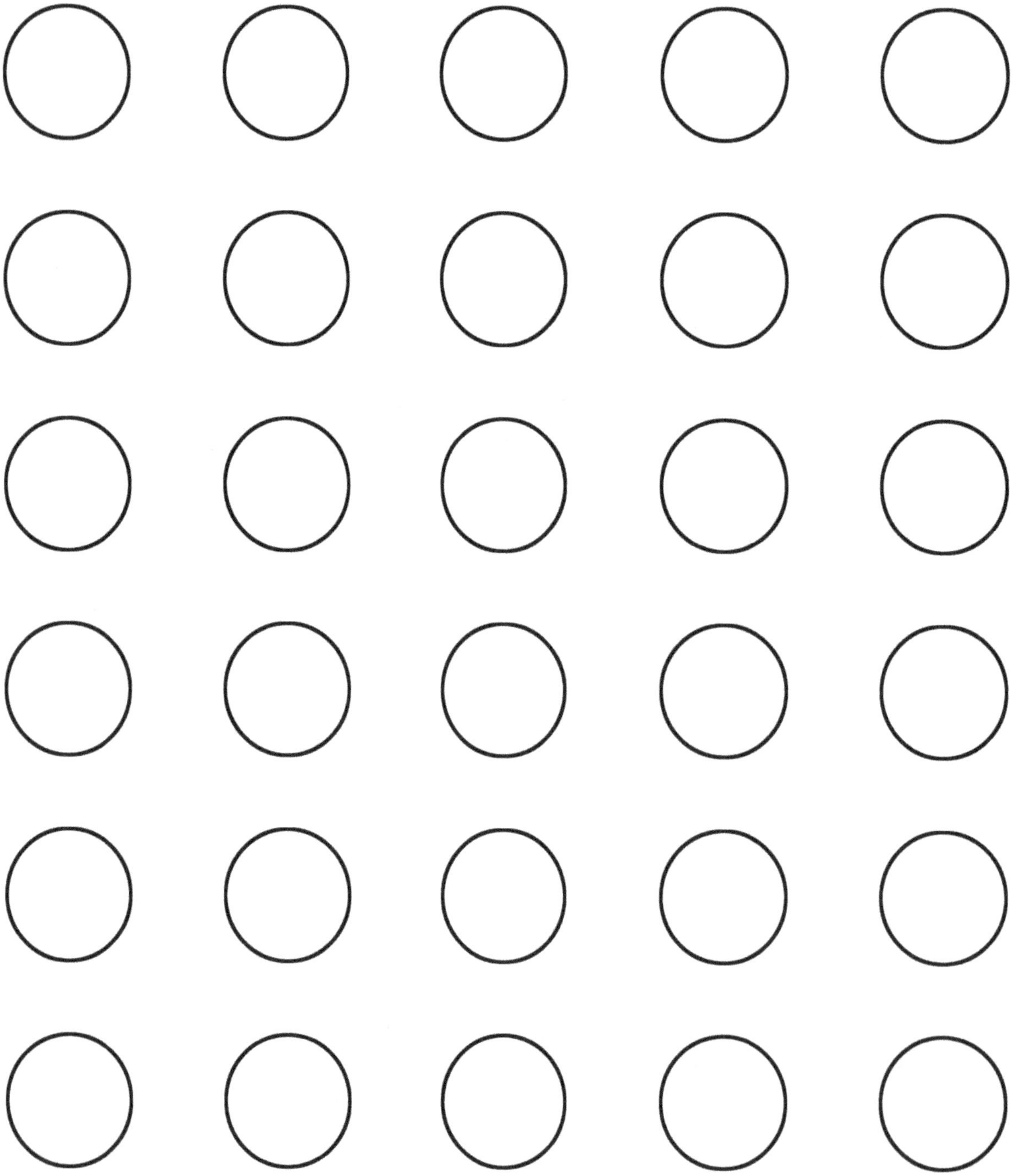

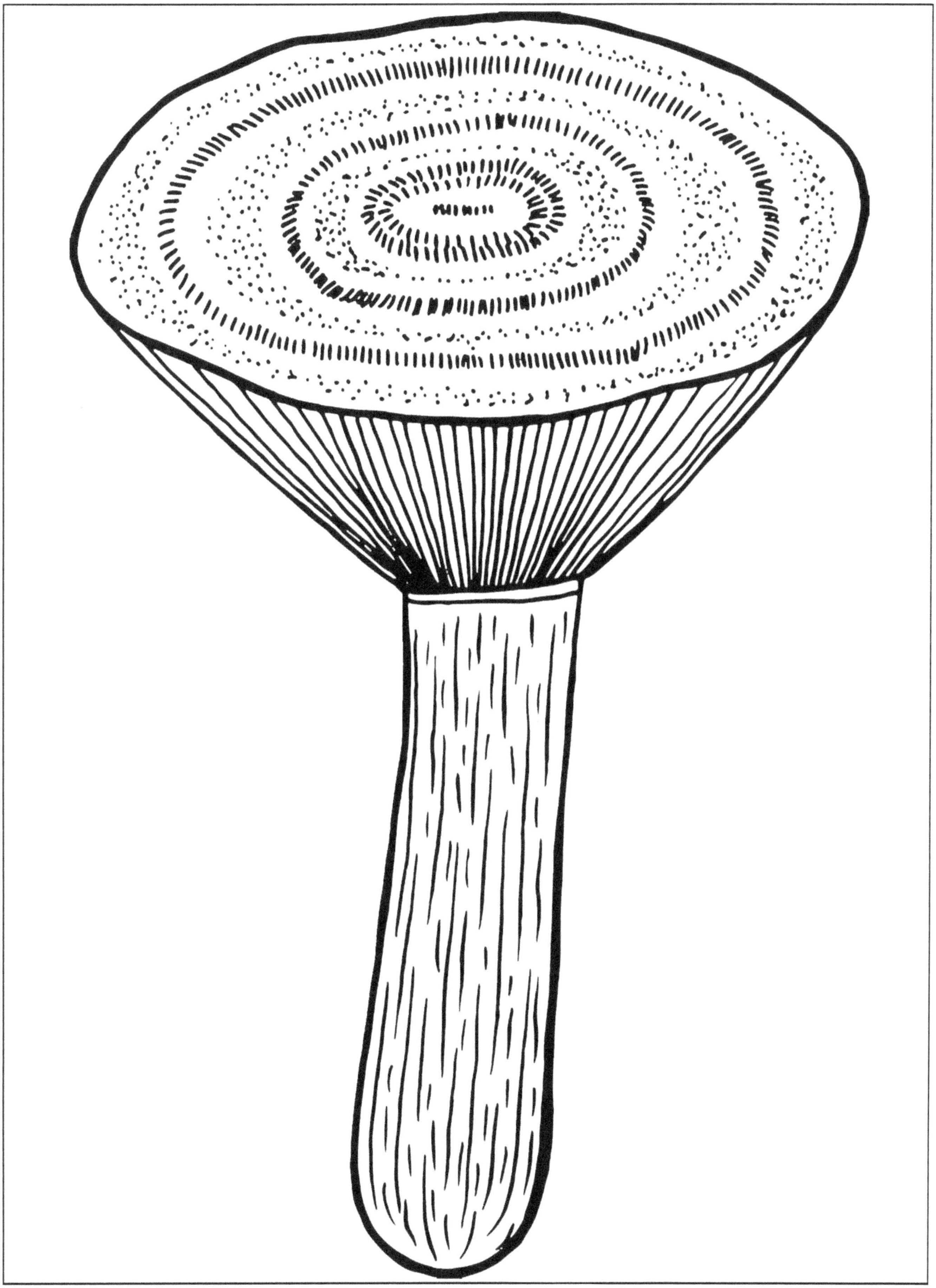

Test Your Color

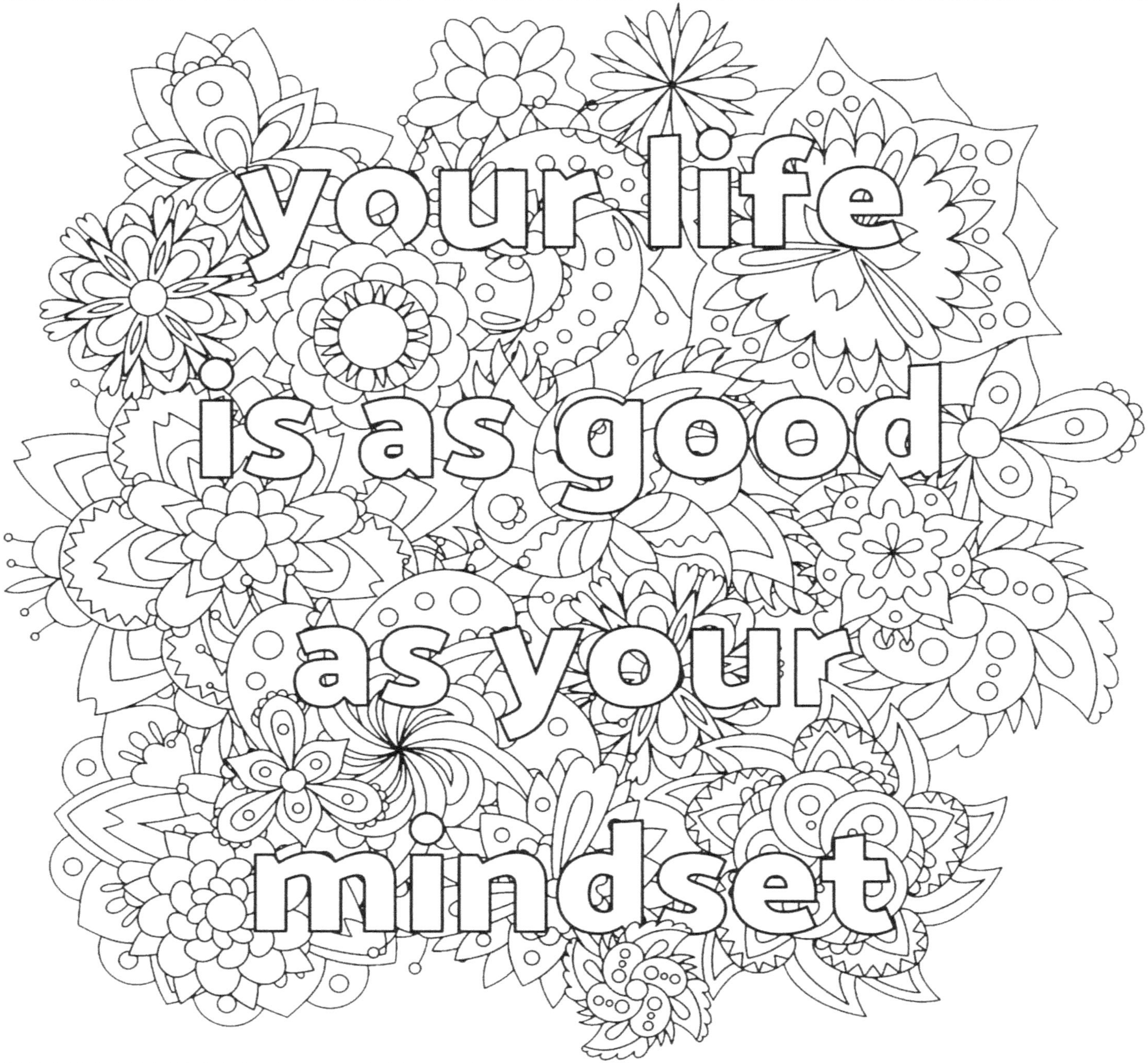
your life
is as good
as your
mindset

Test Your Color

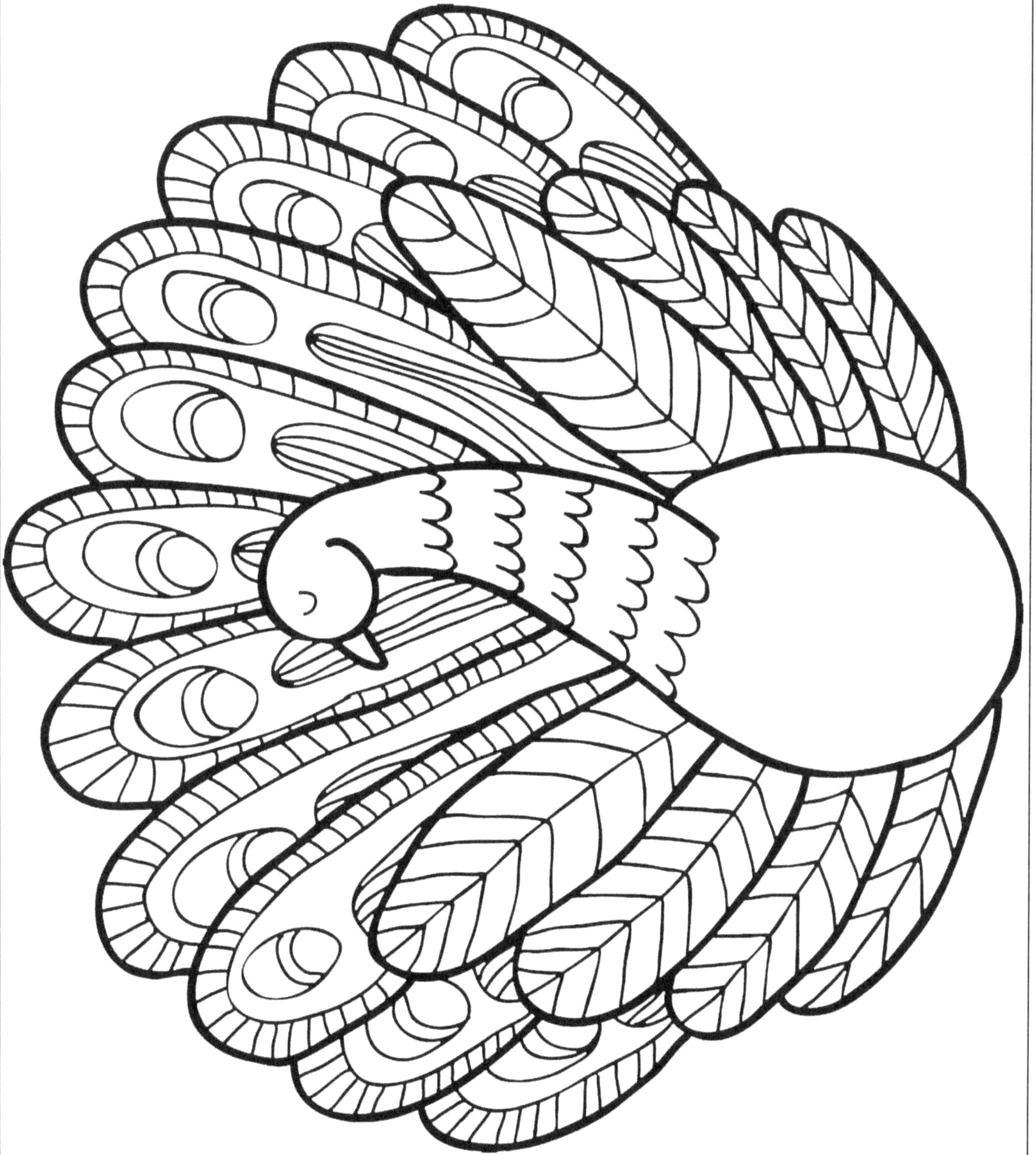

Test Your Color

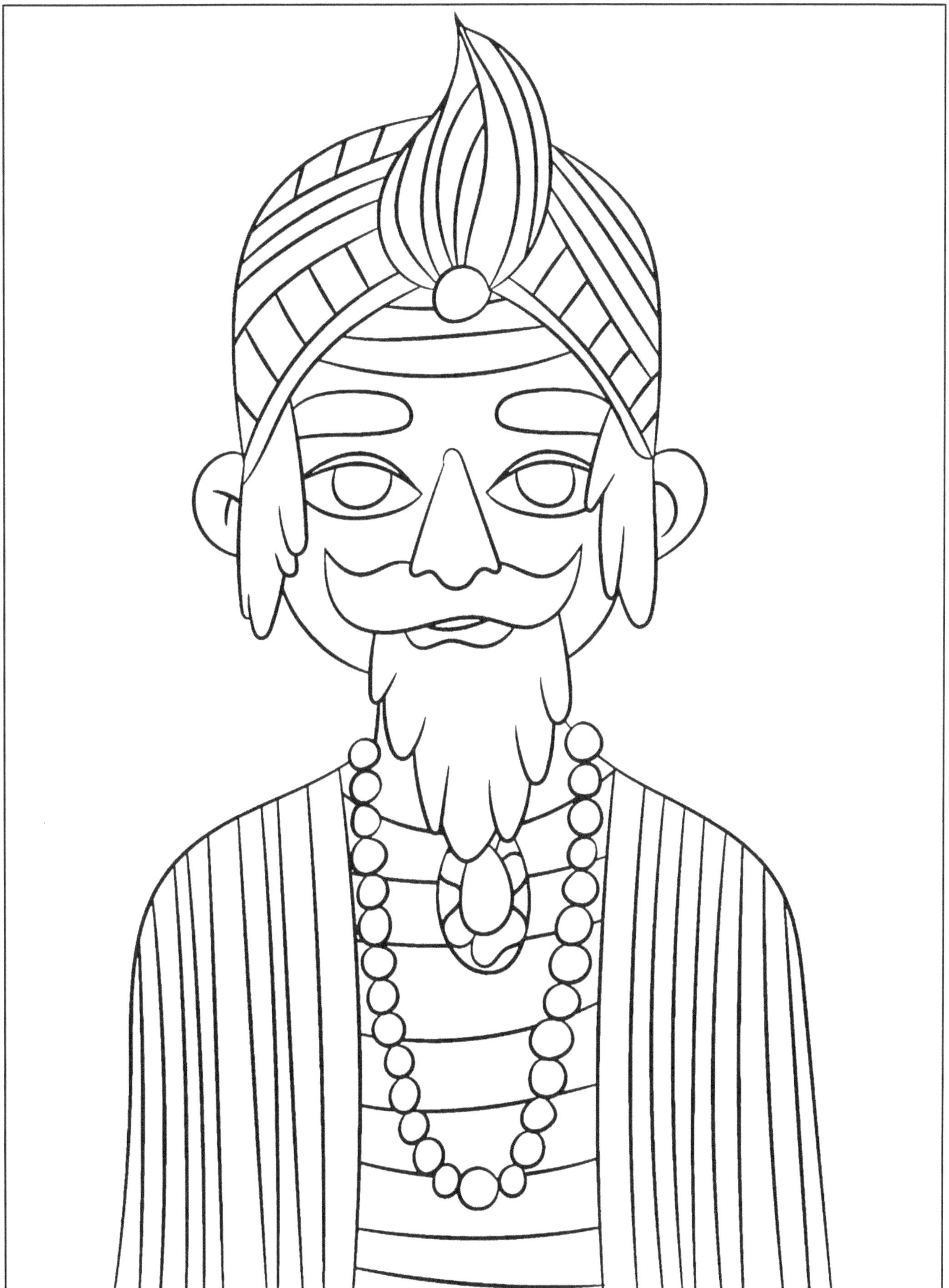

Test Your Color

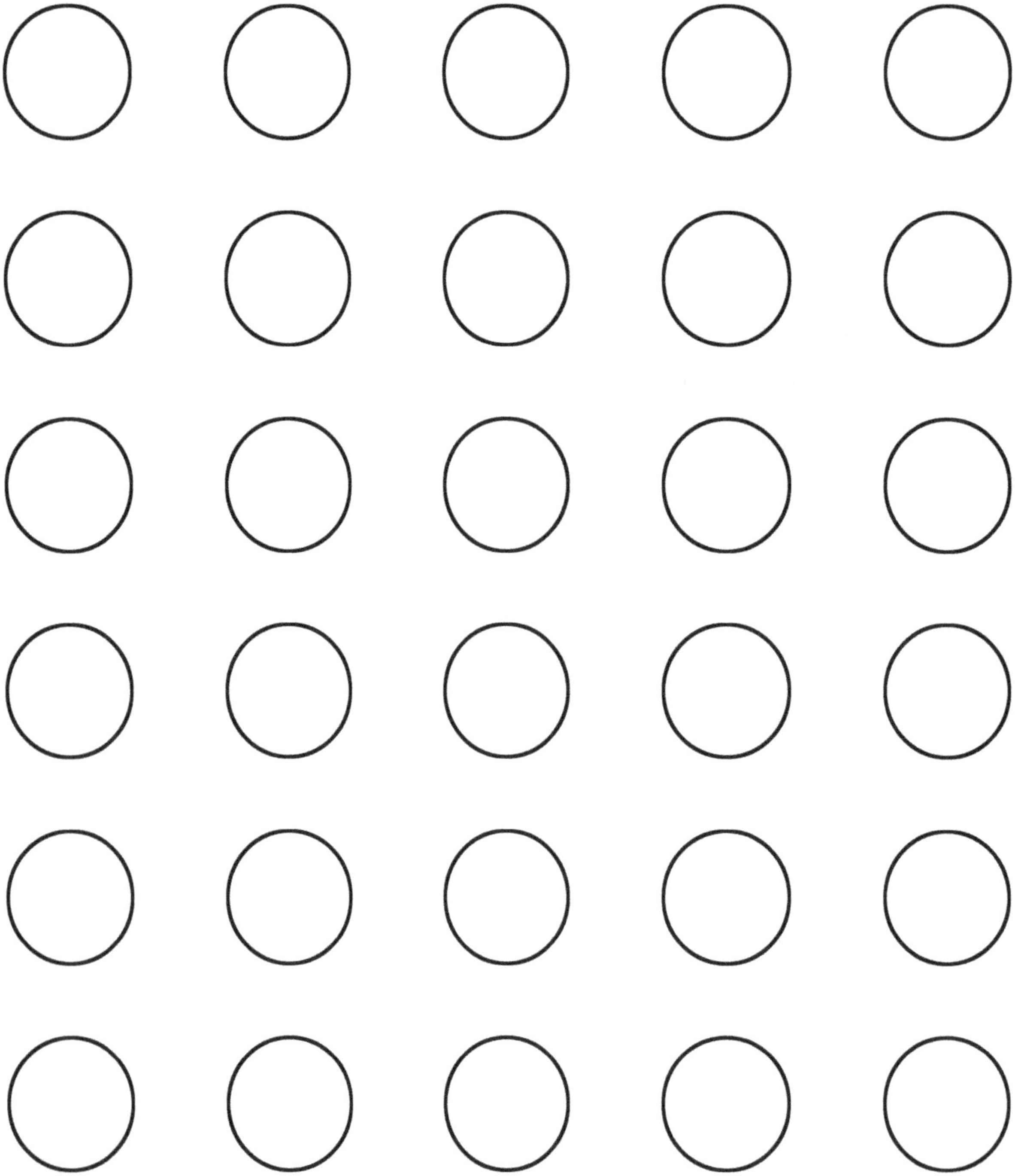

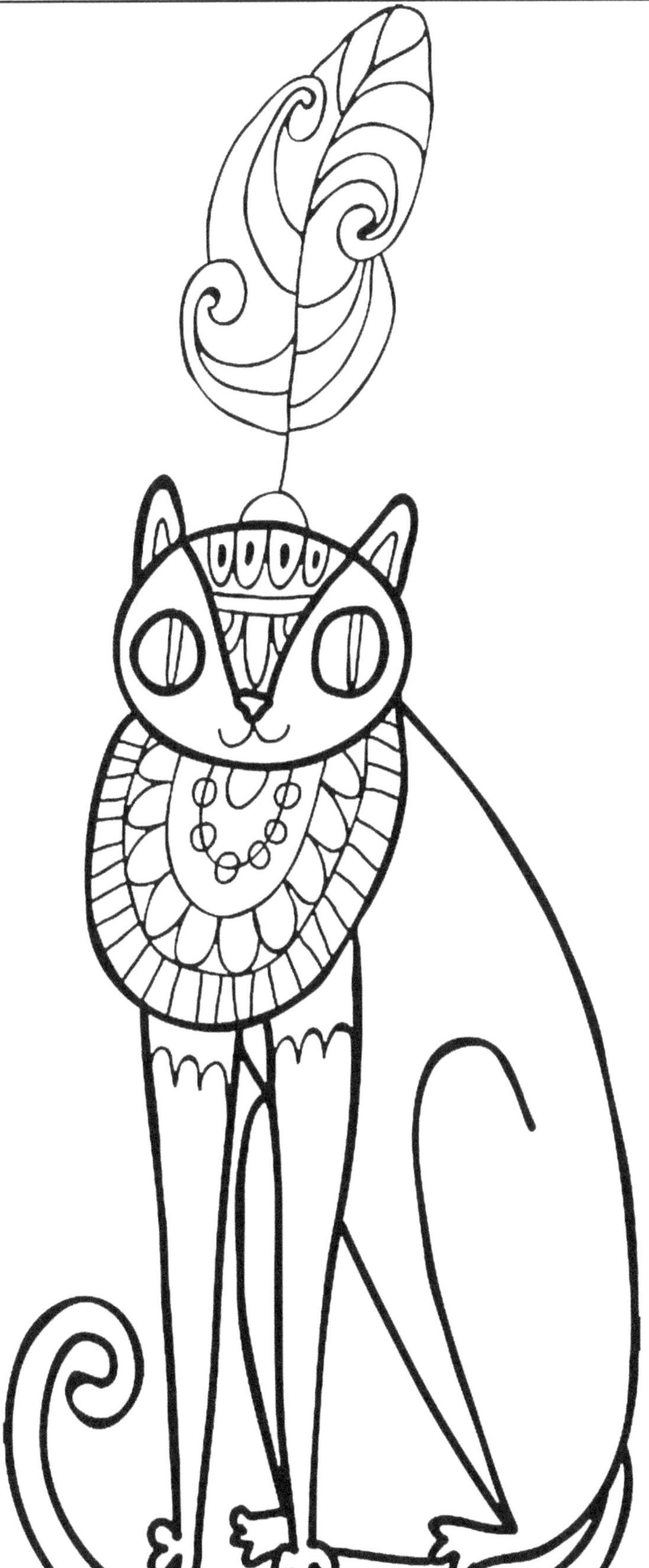

Test Your Color

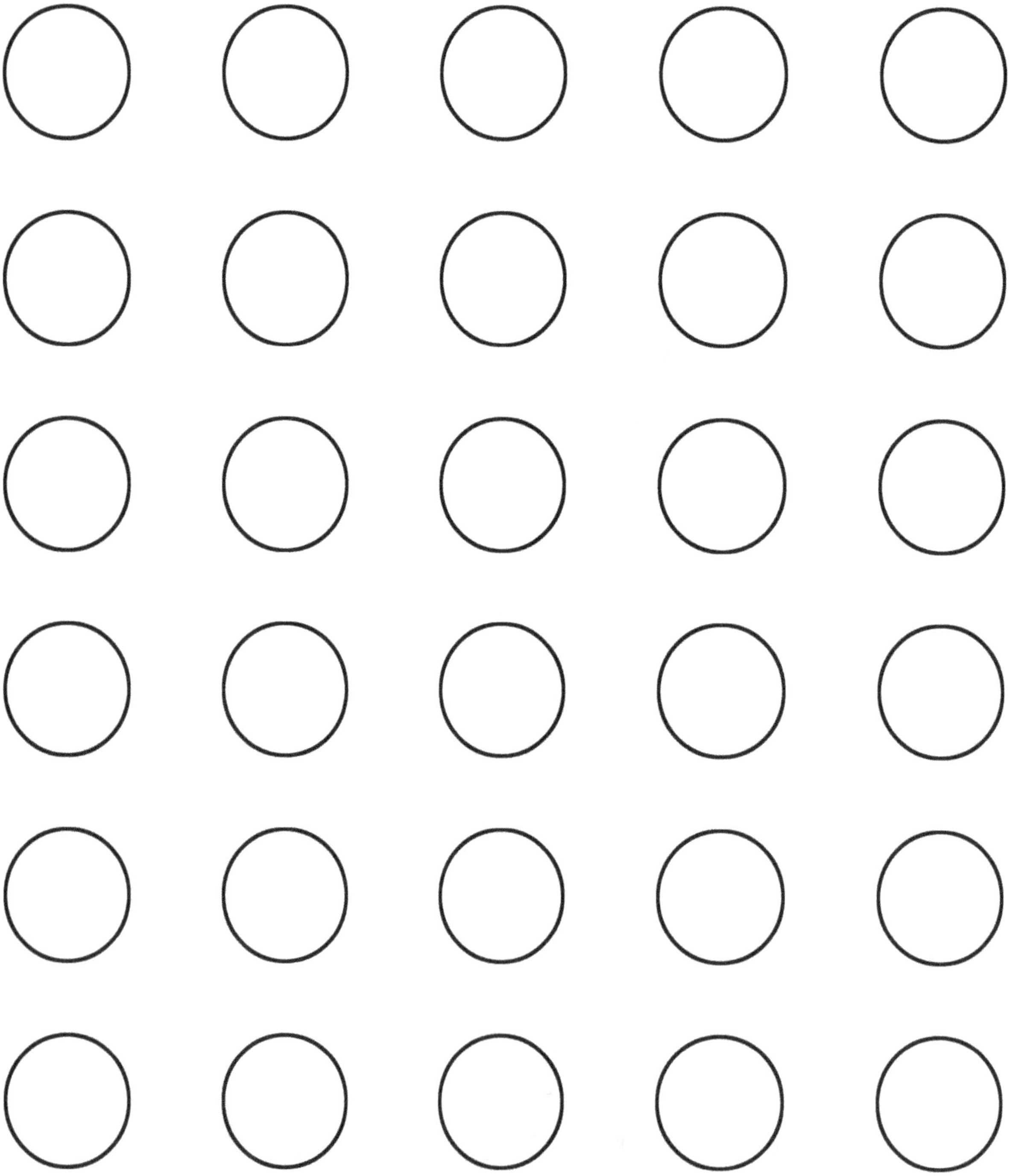

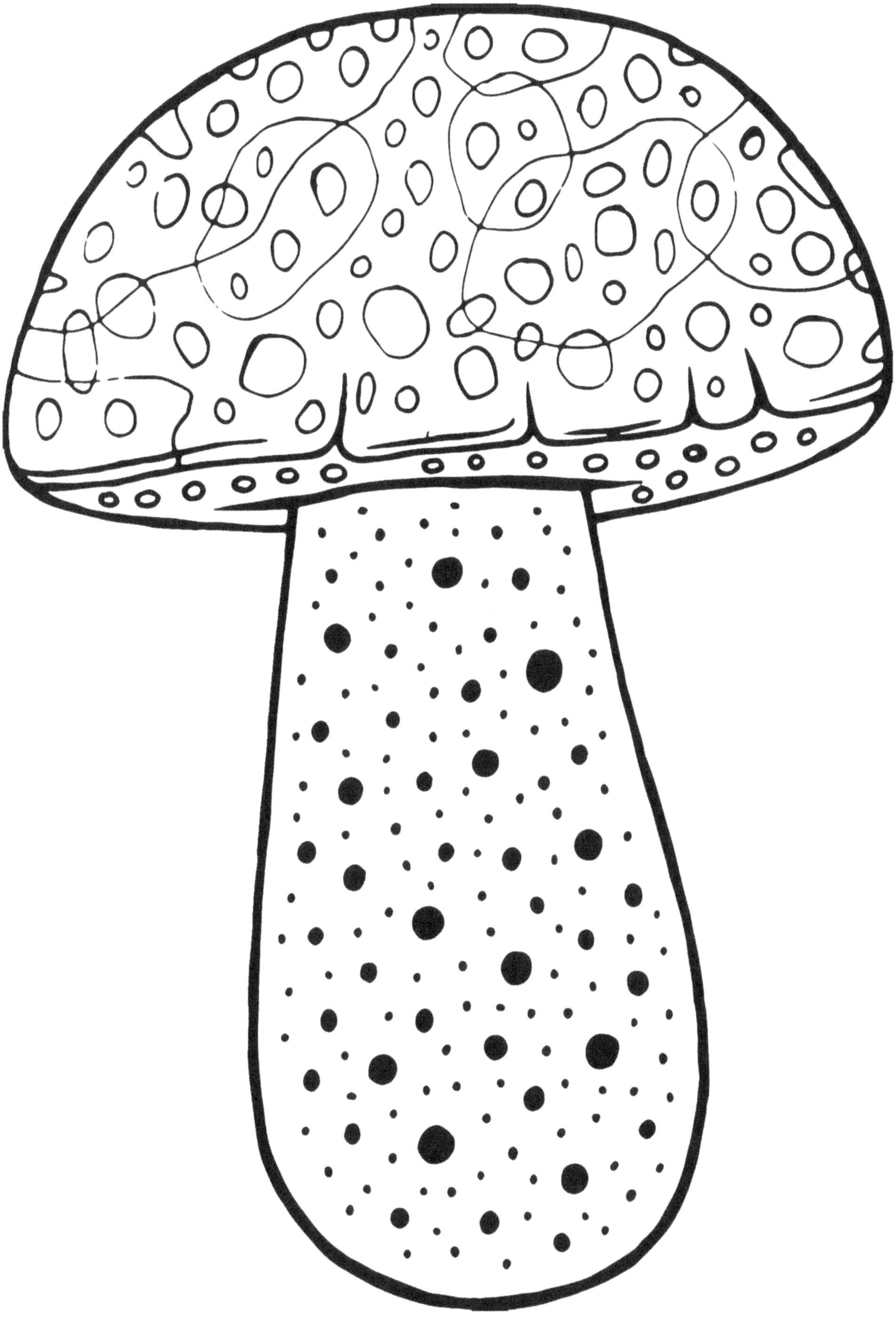

Test Your Color

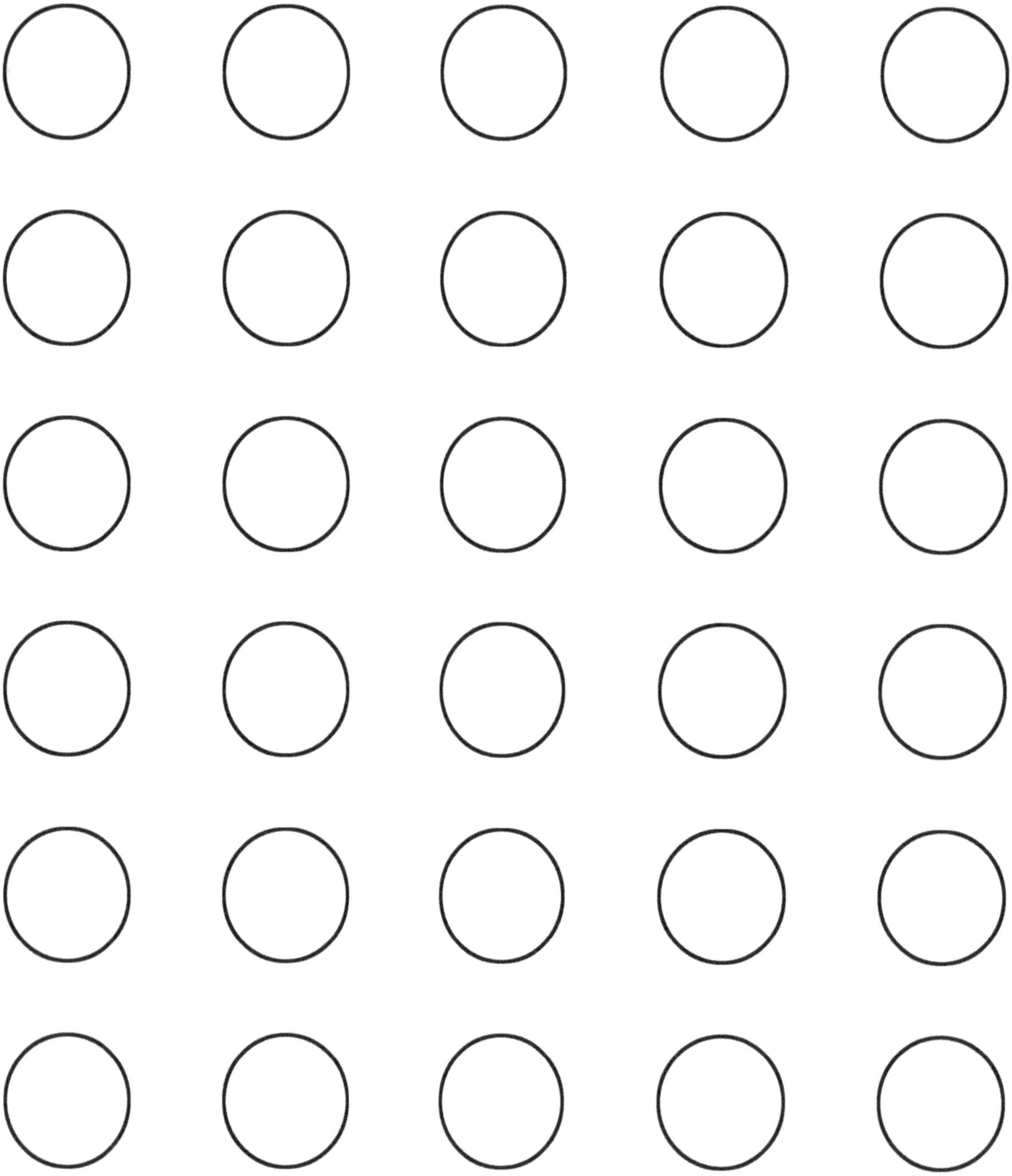

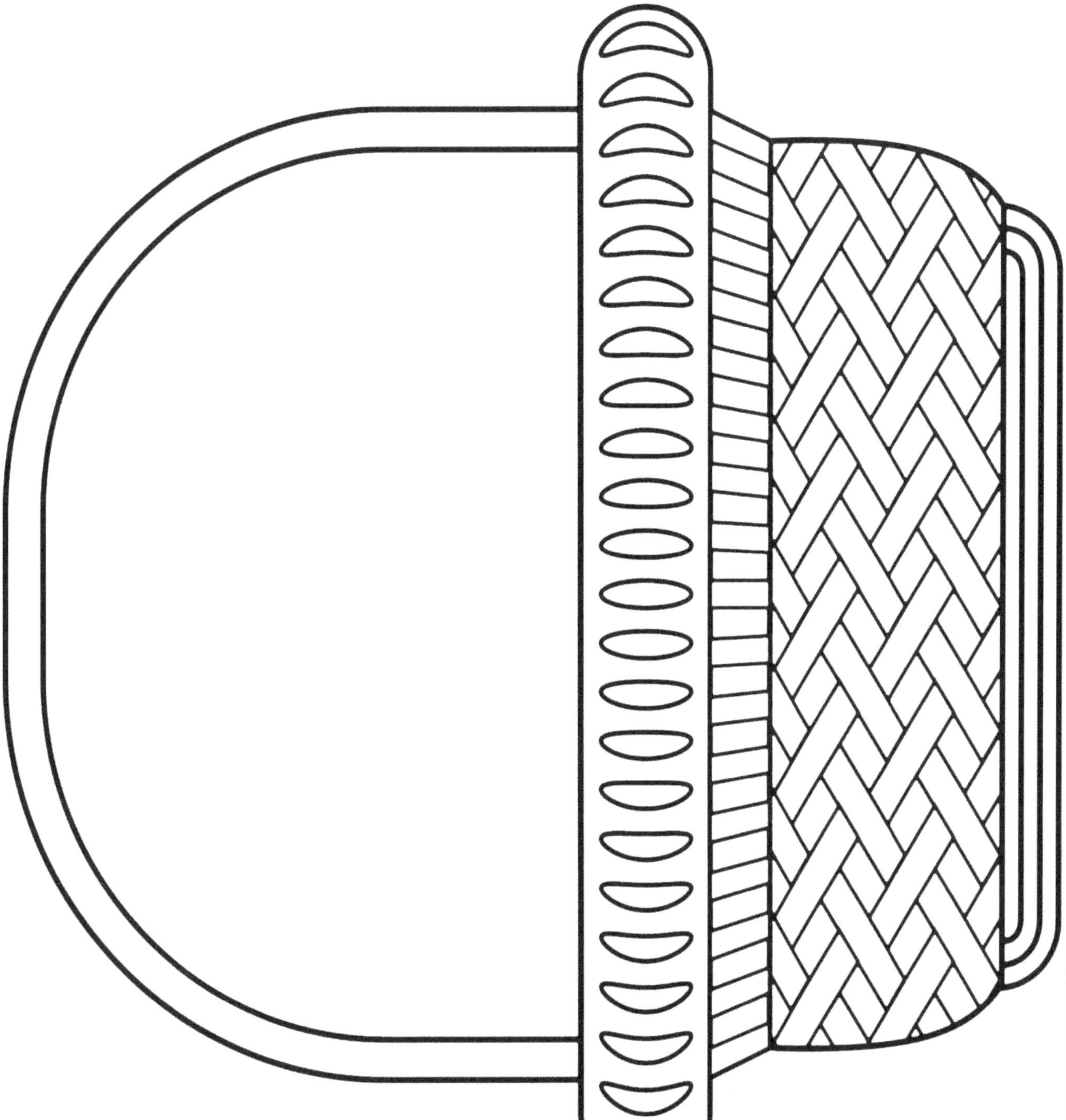

Test Your Color

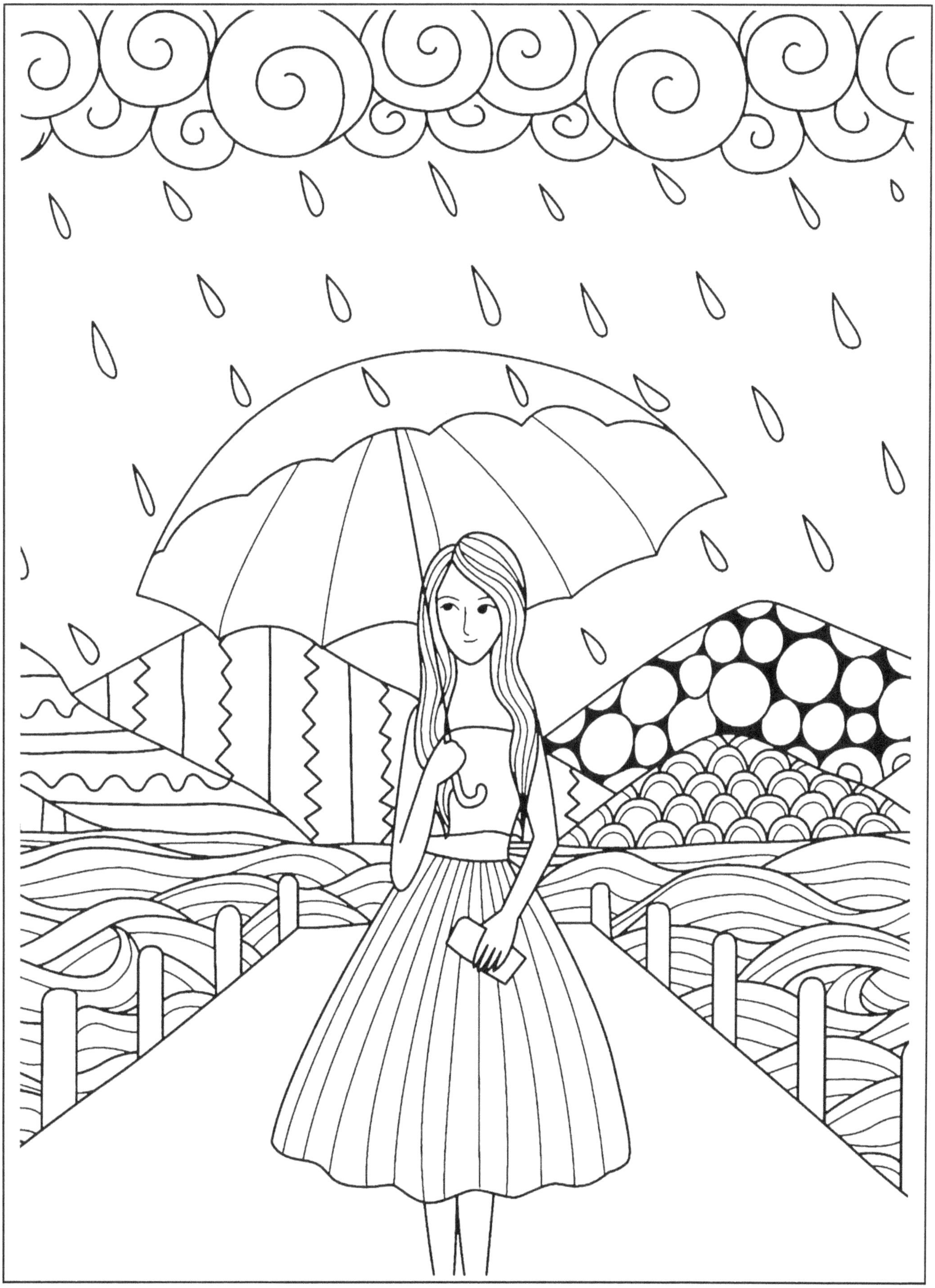

Test Your Color

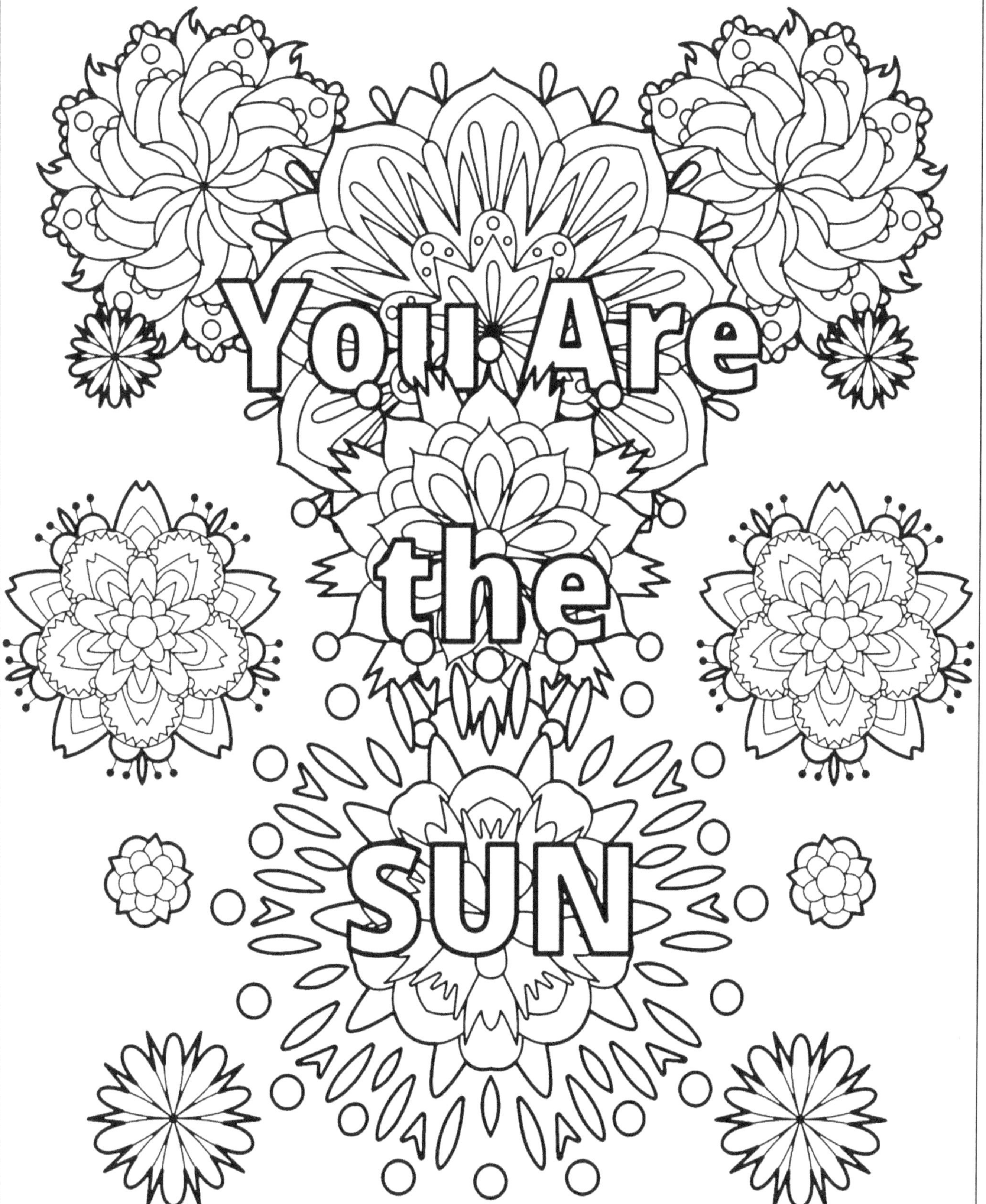
You Are
the
SUN

Test Your Color

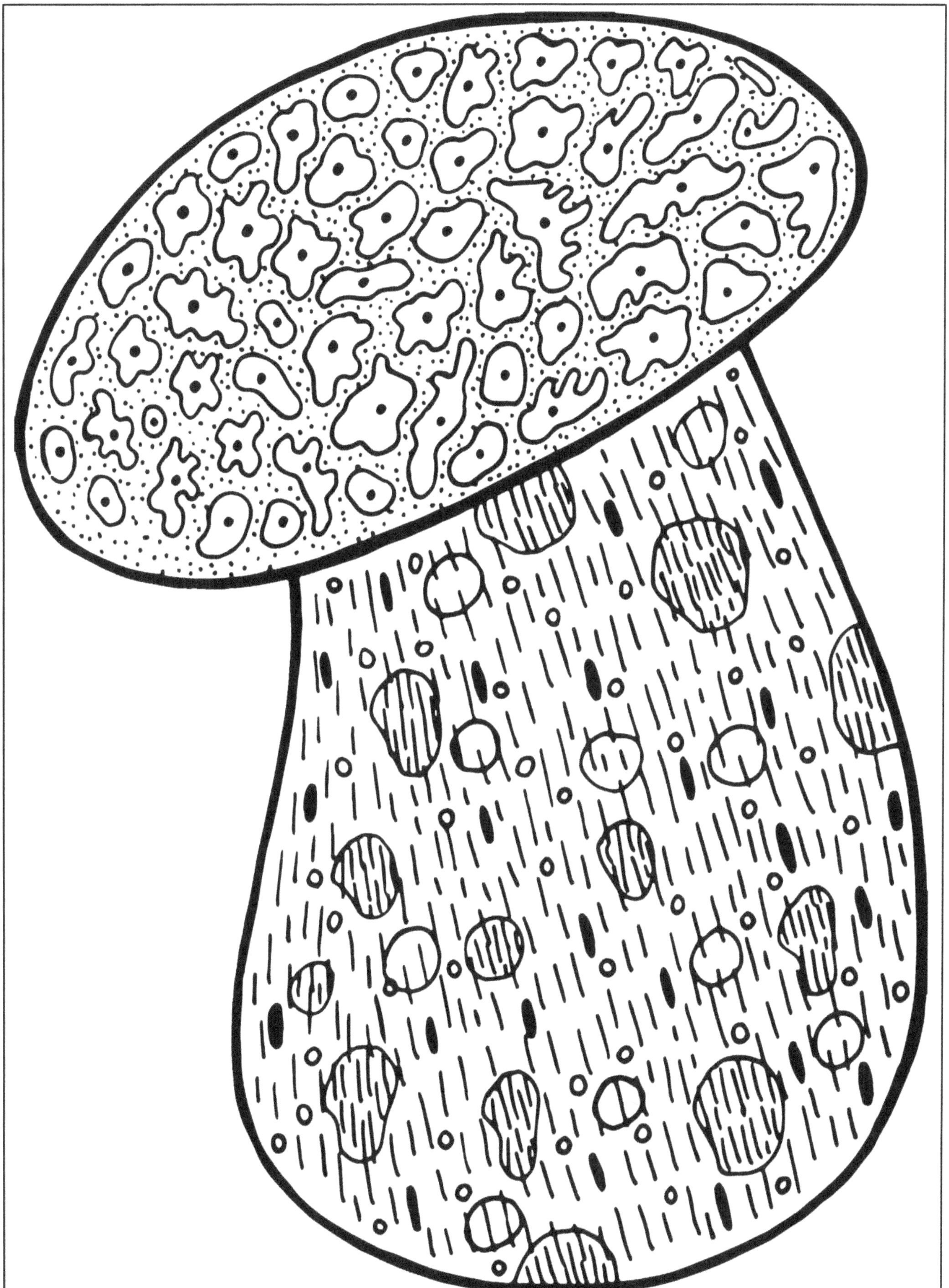

Test Your Color

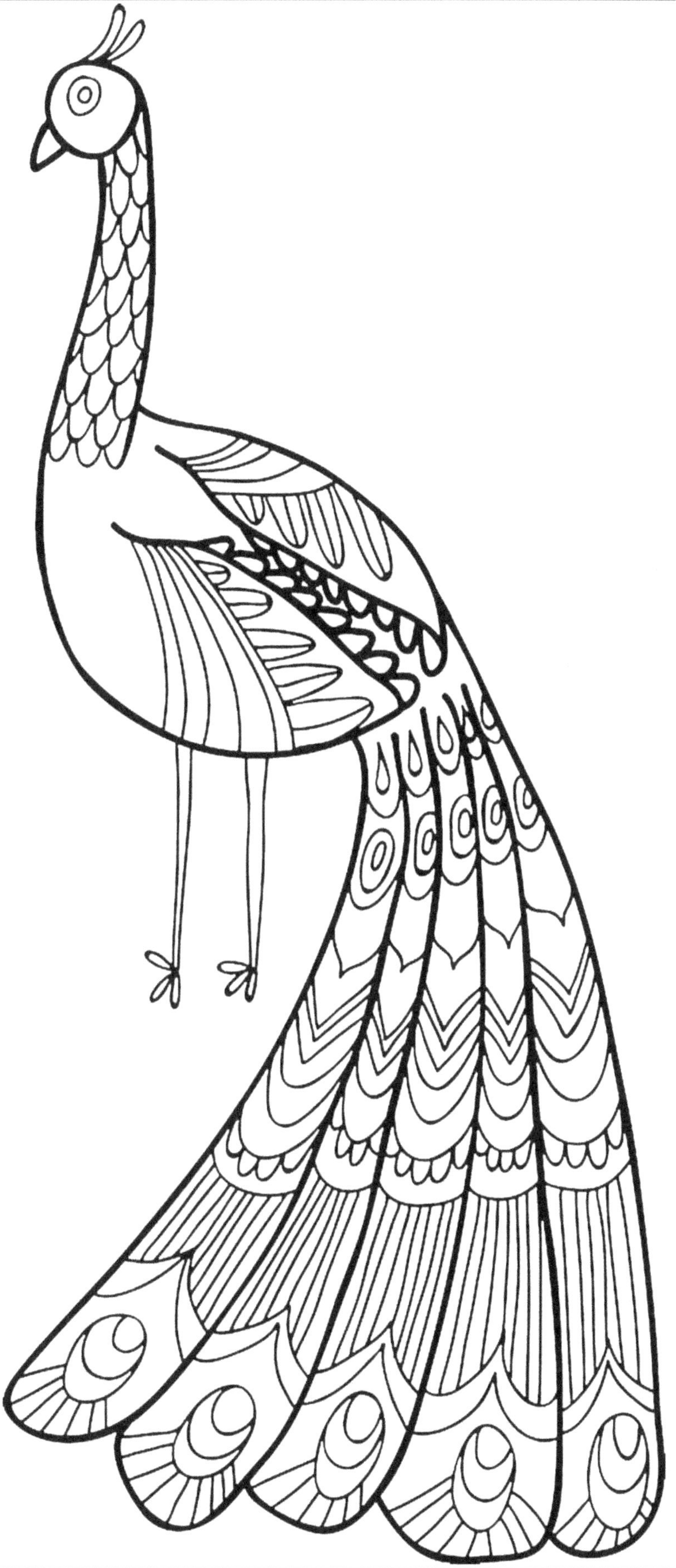

Test Your Color

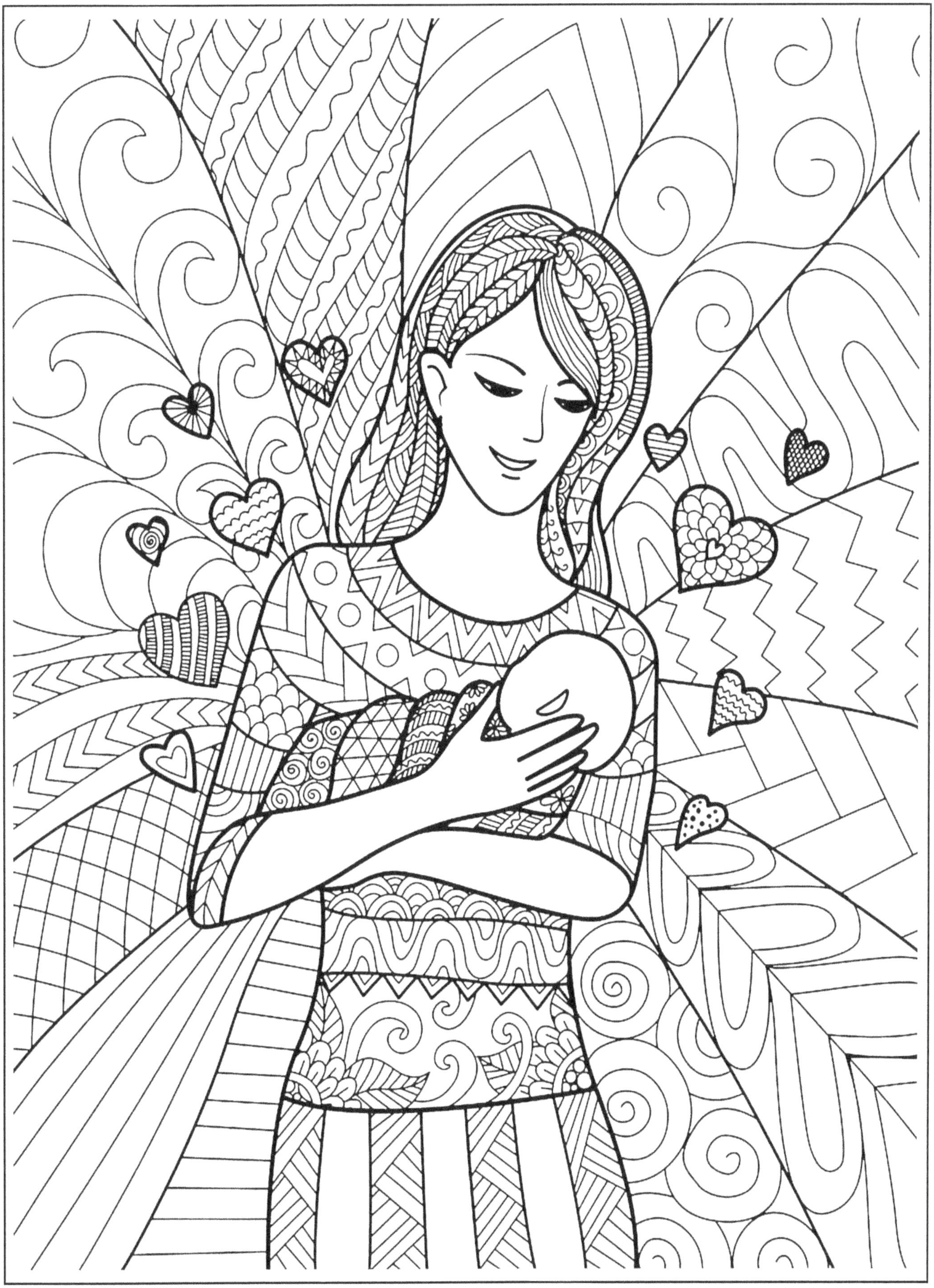

Test Your Color

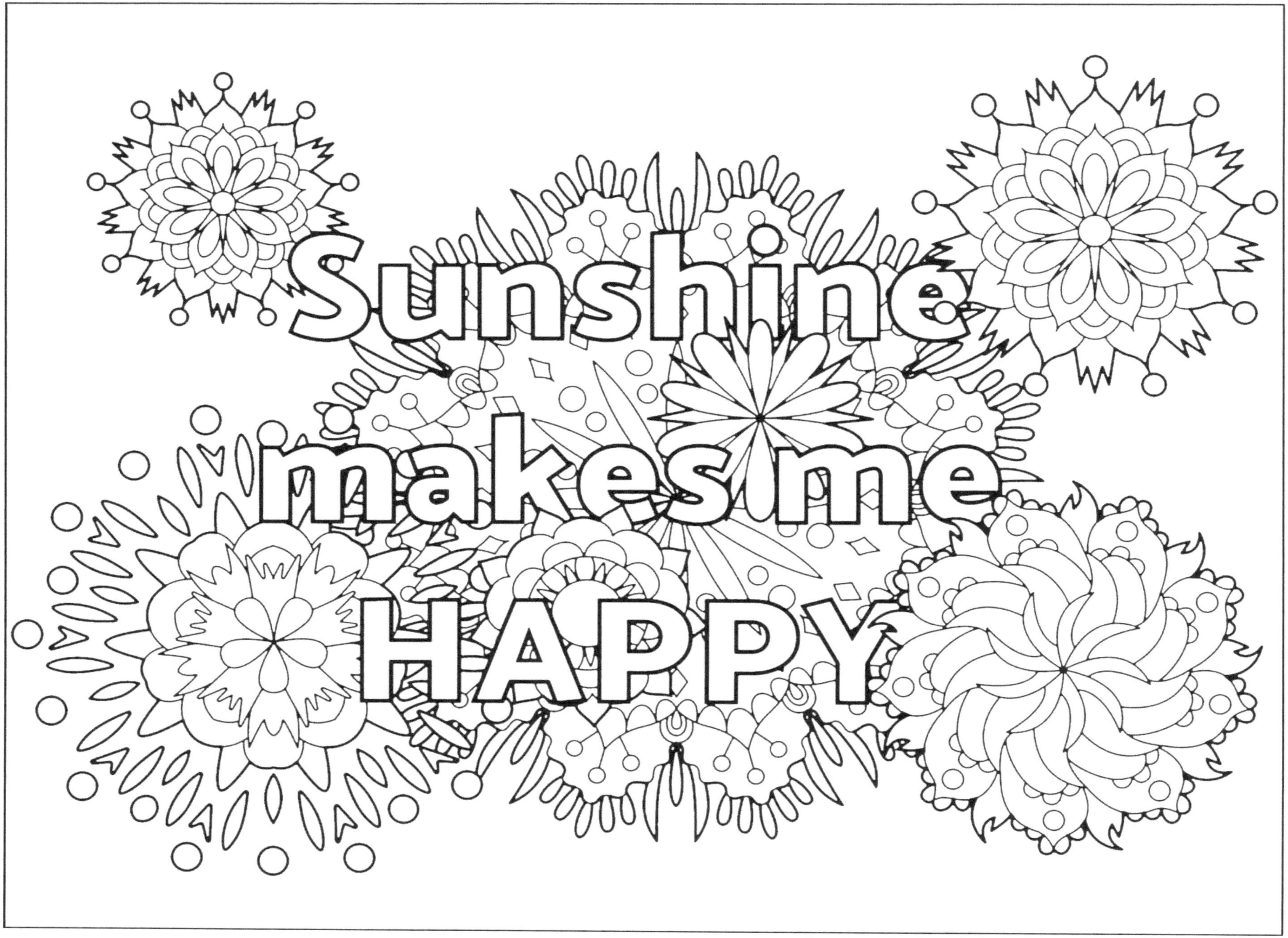
Sunshine
makes me
HAPPY

Test Your Color

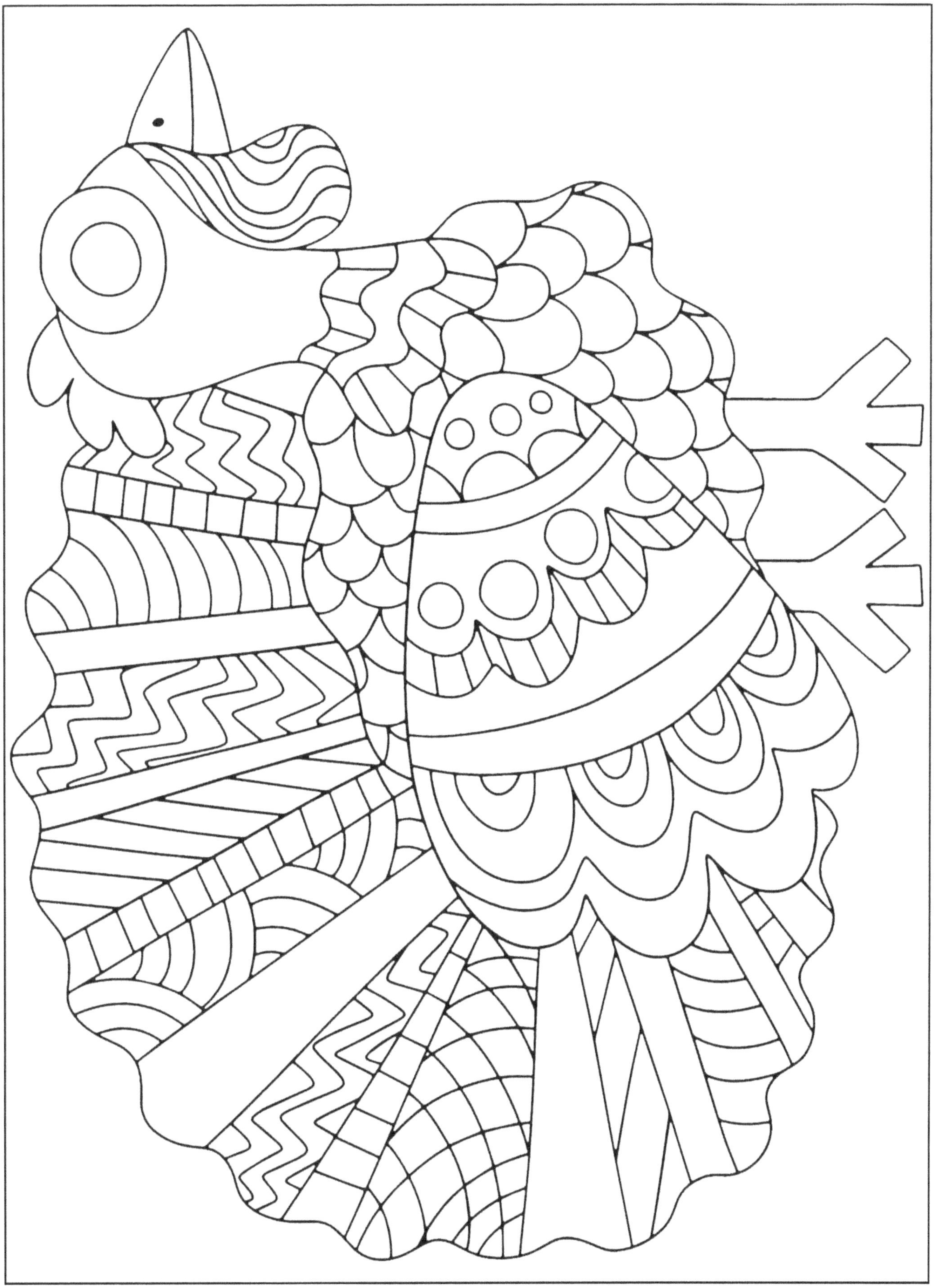

Test Your Color

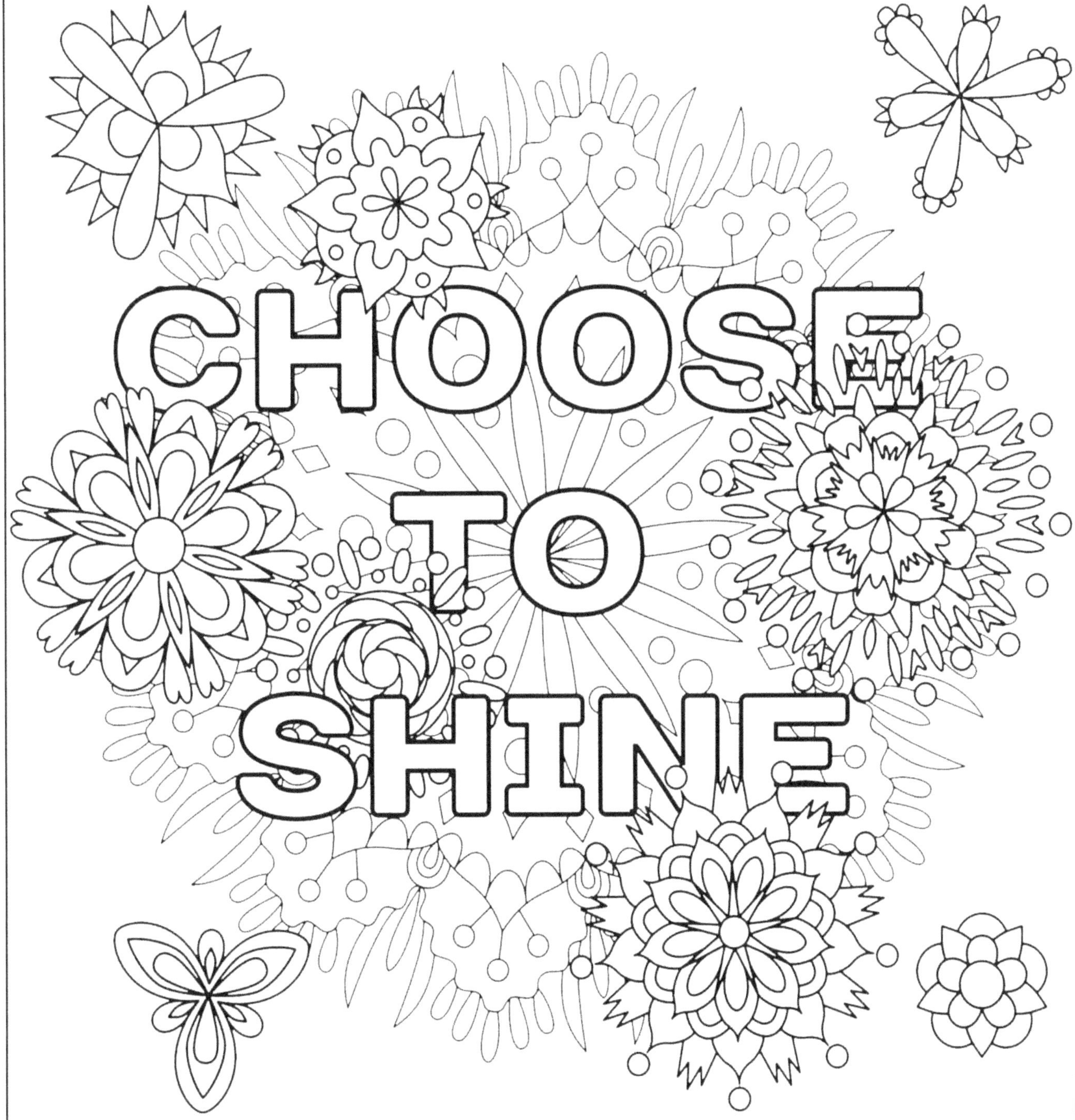
CHOOSE
TO
SHINE

Test Your Color

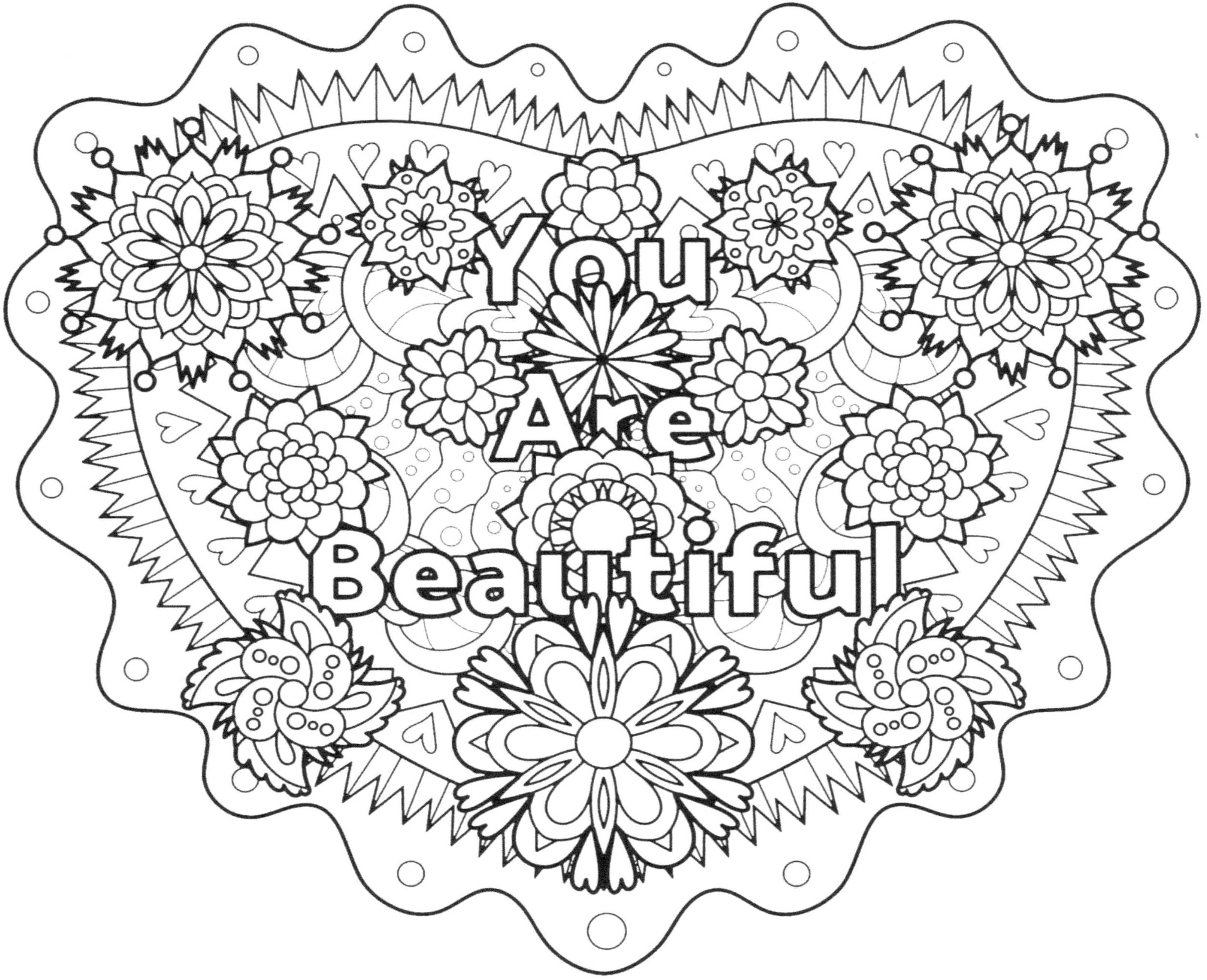
You
Are
Beautiful

Test Your Color

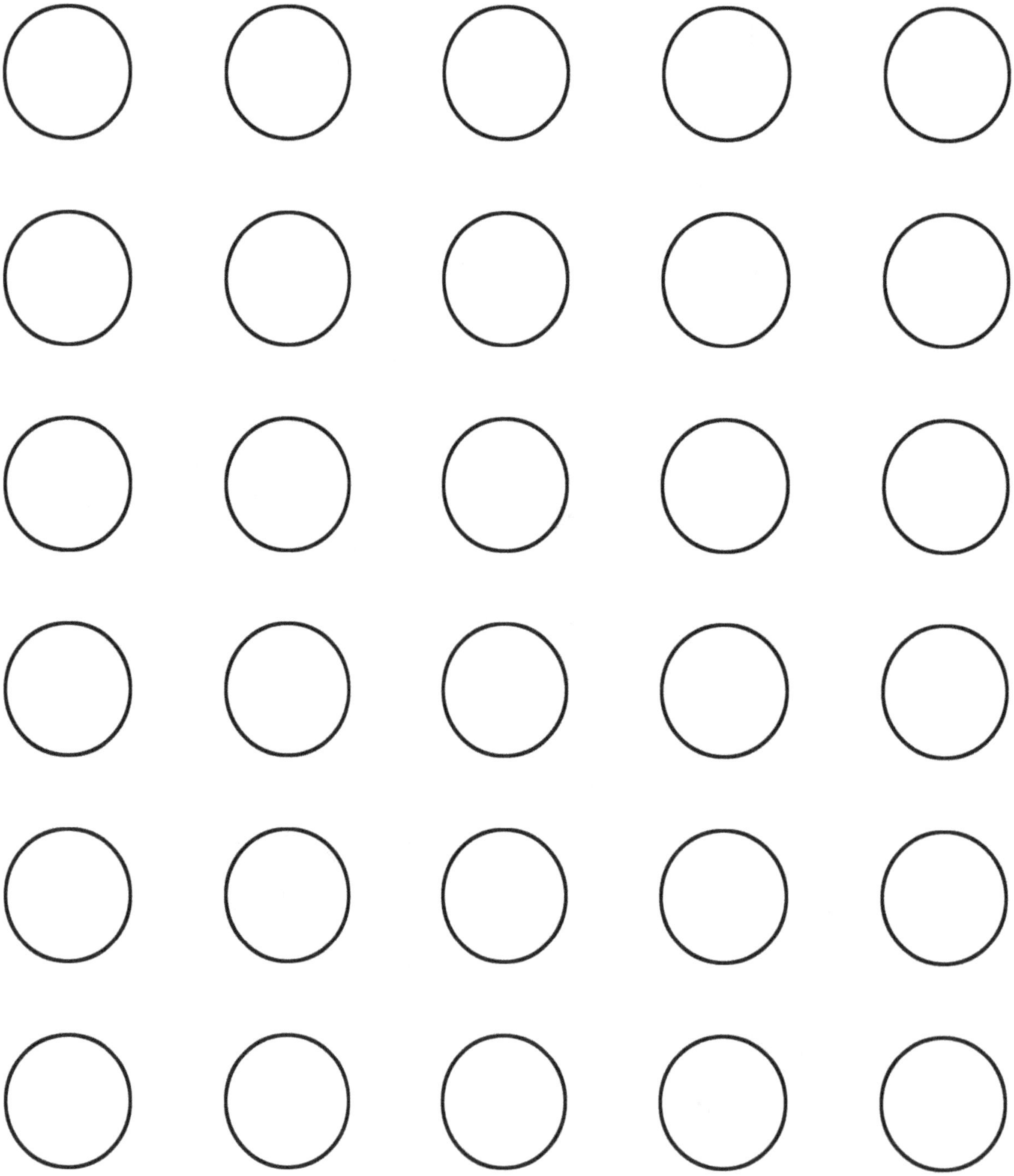

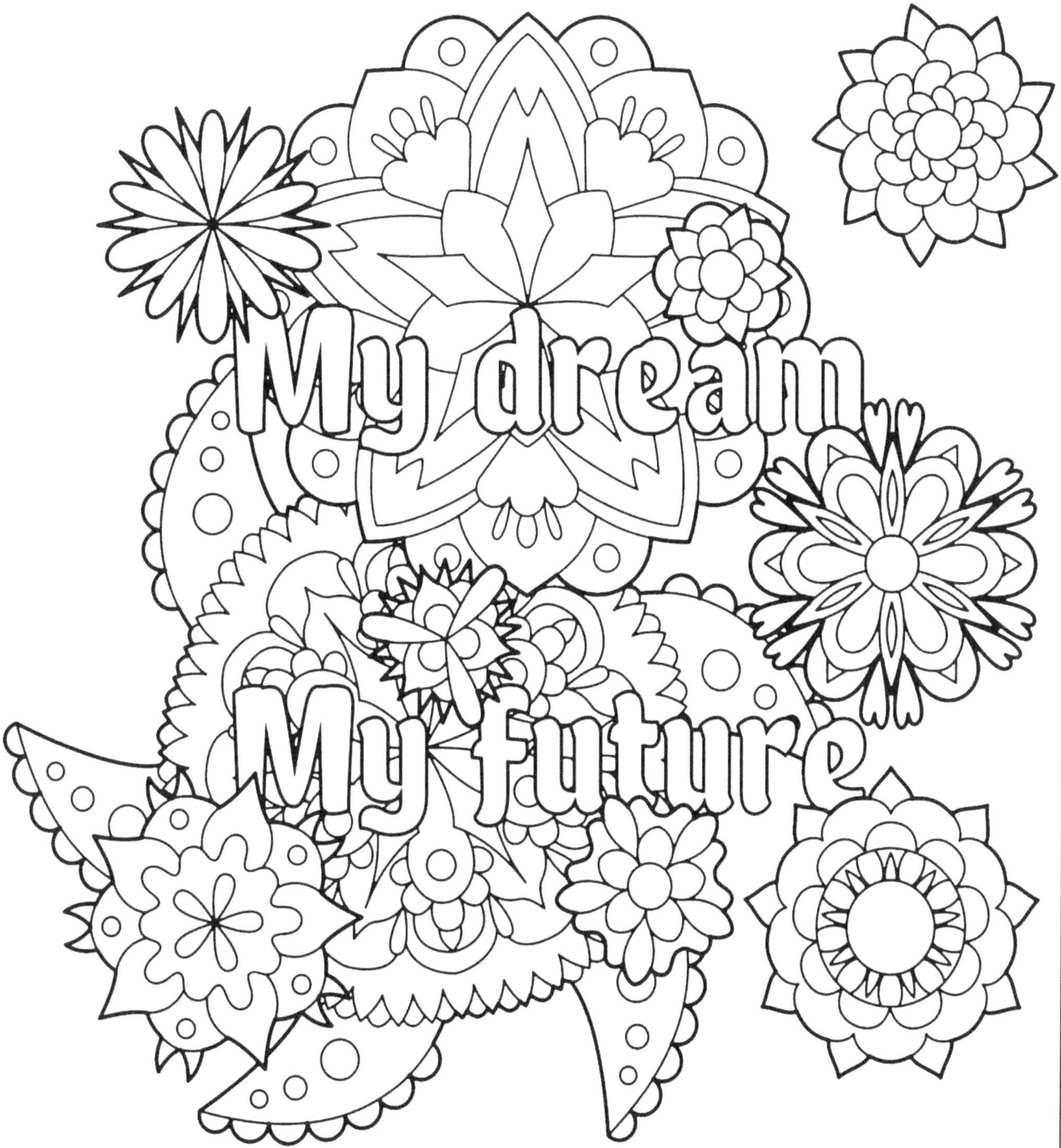
My dream
My future

Test Your Color

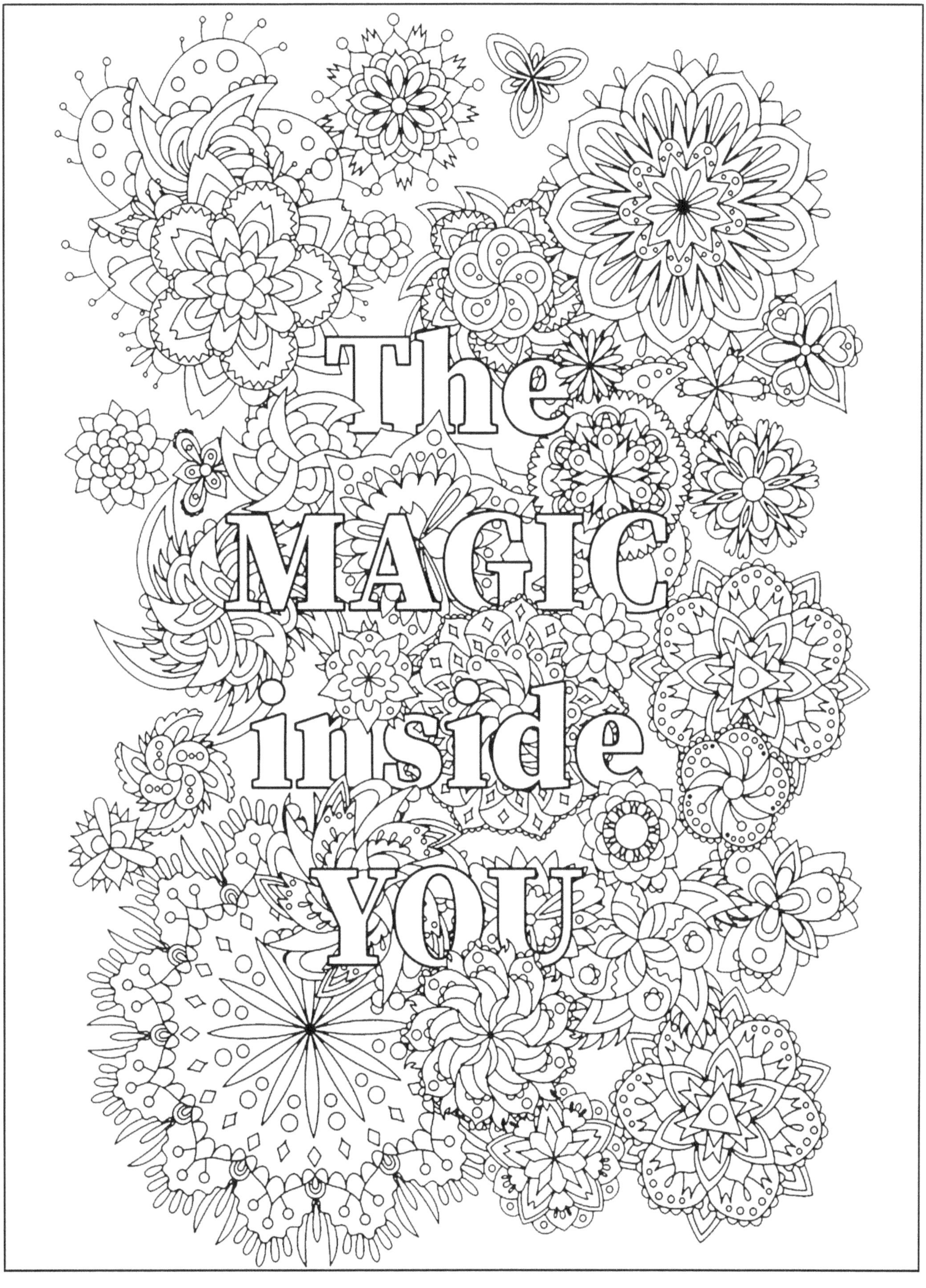
The
MAGIC
inside
YOU

Test Your Color

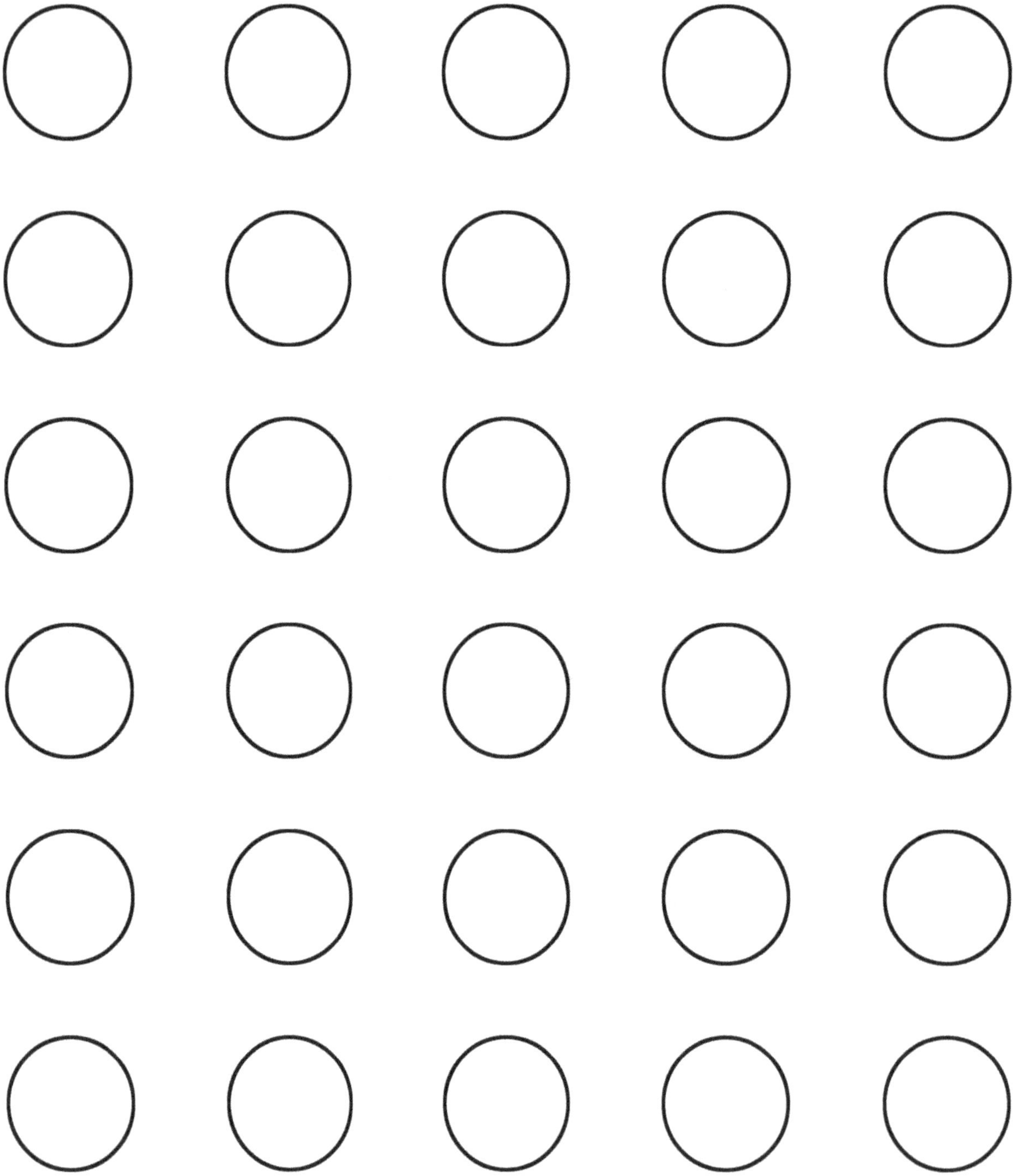

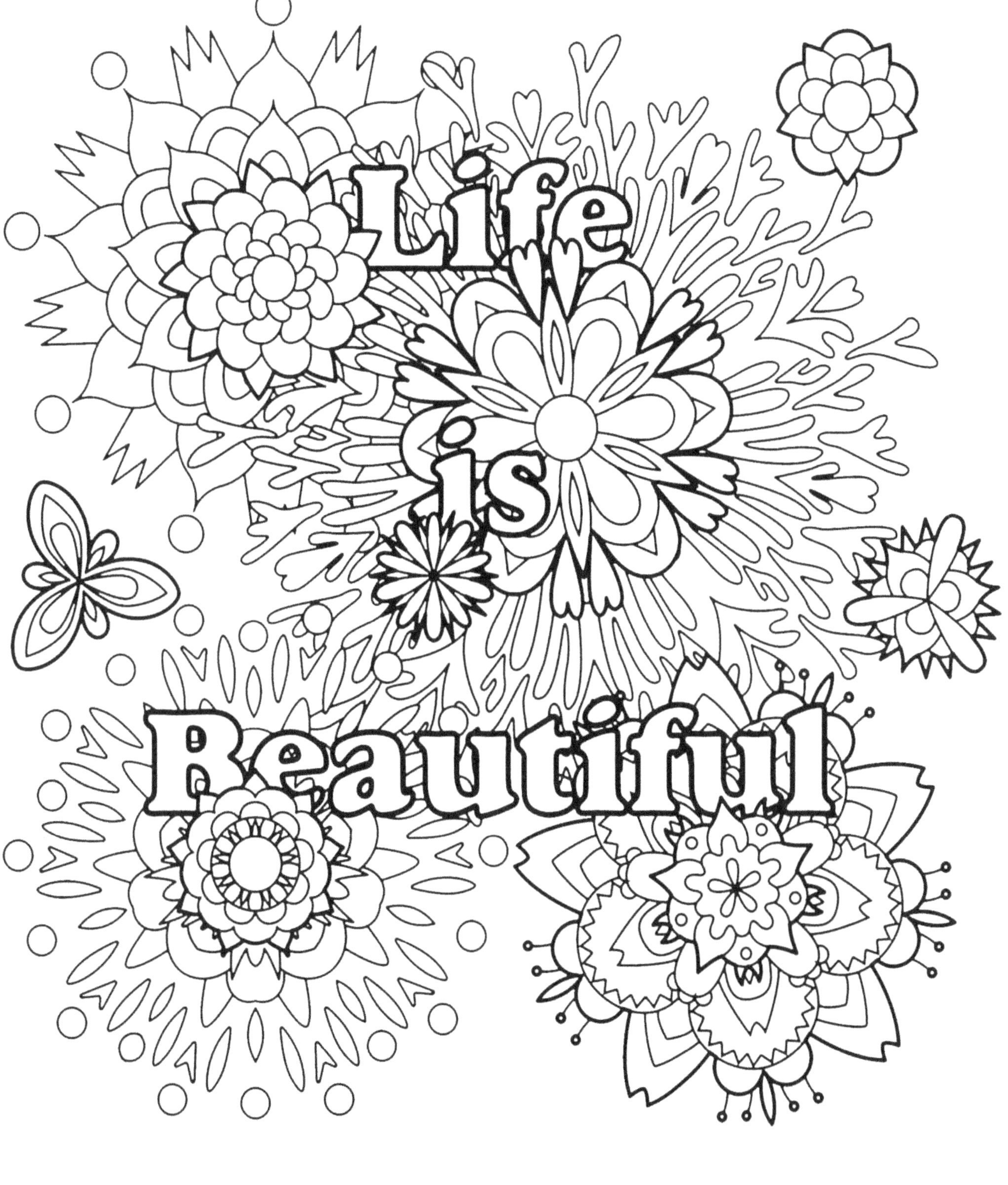
Life
is
Beautiful

Test Your Color

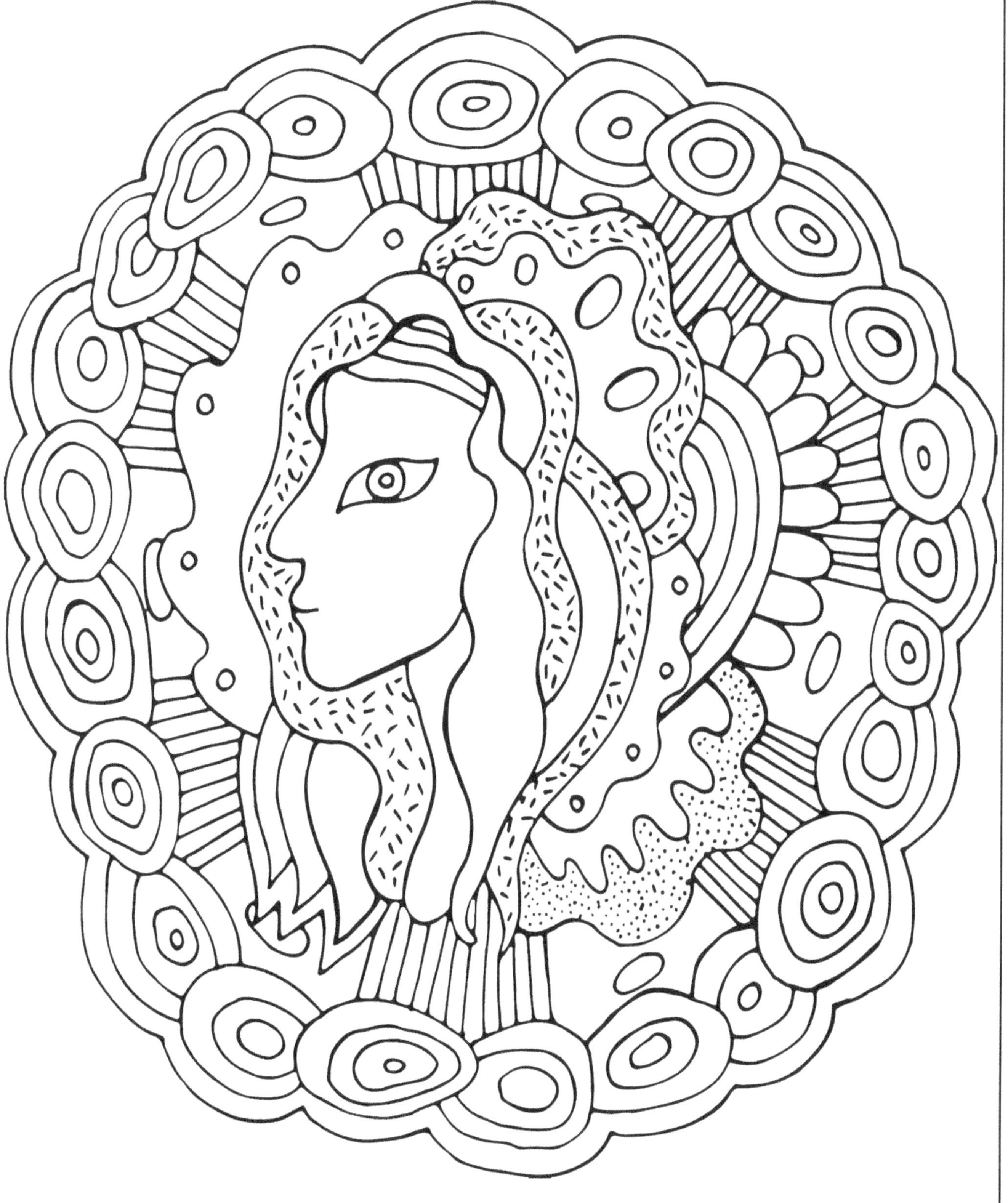

Test Your Color

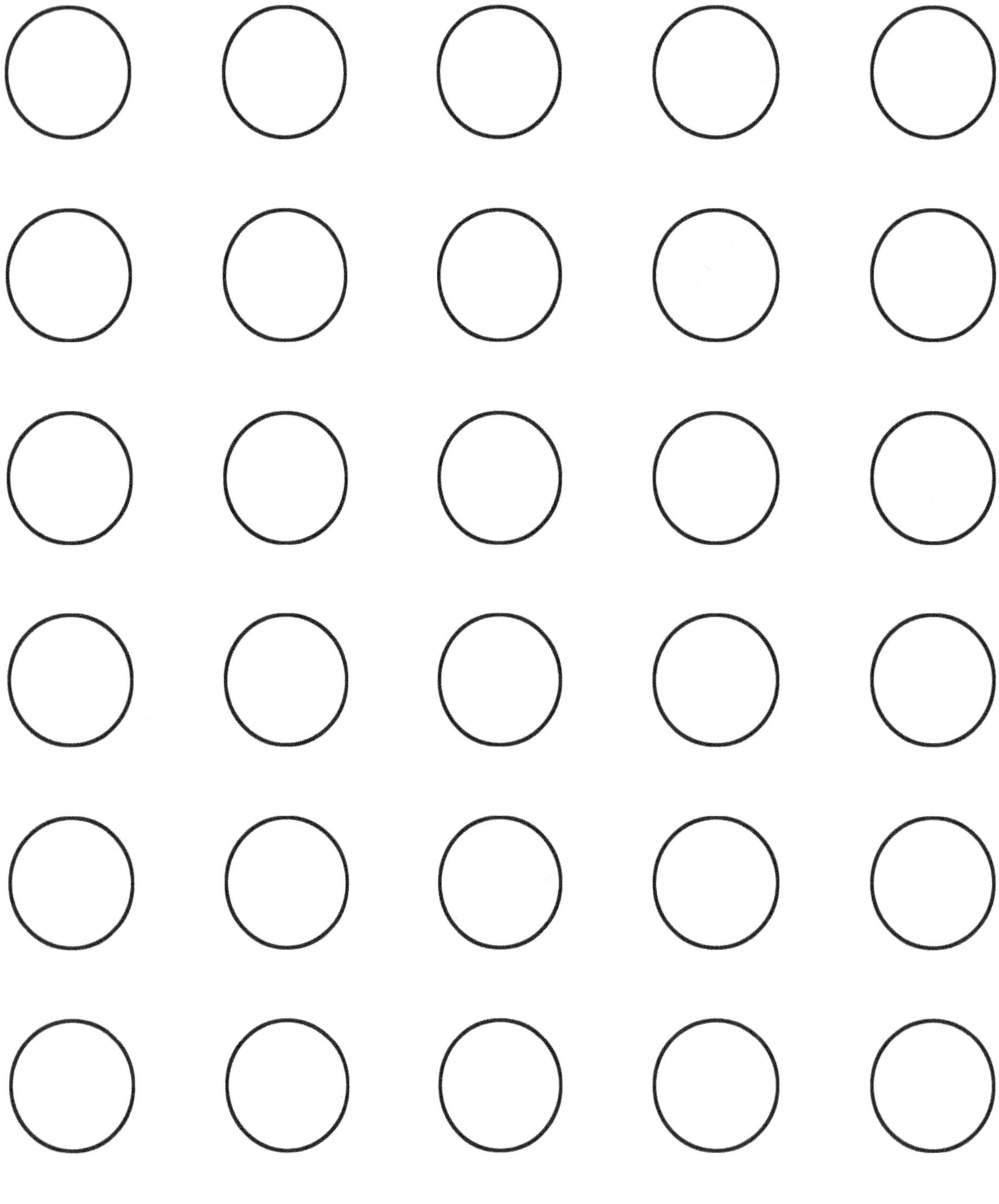

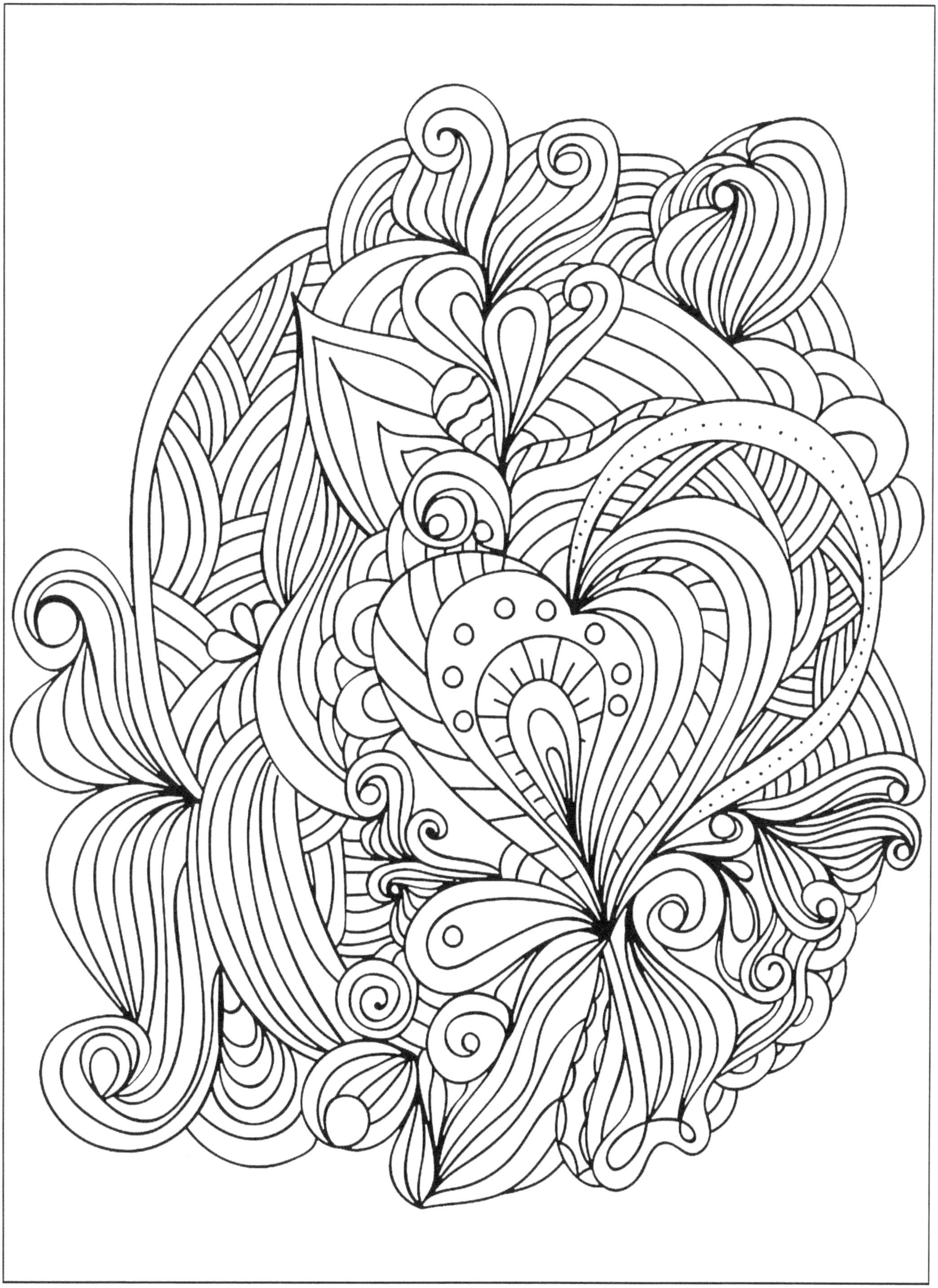

Test Your Color

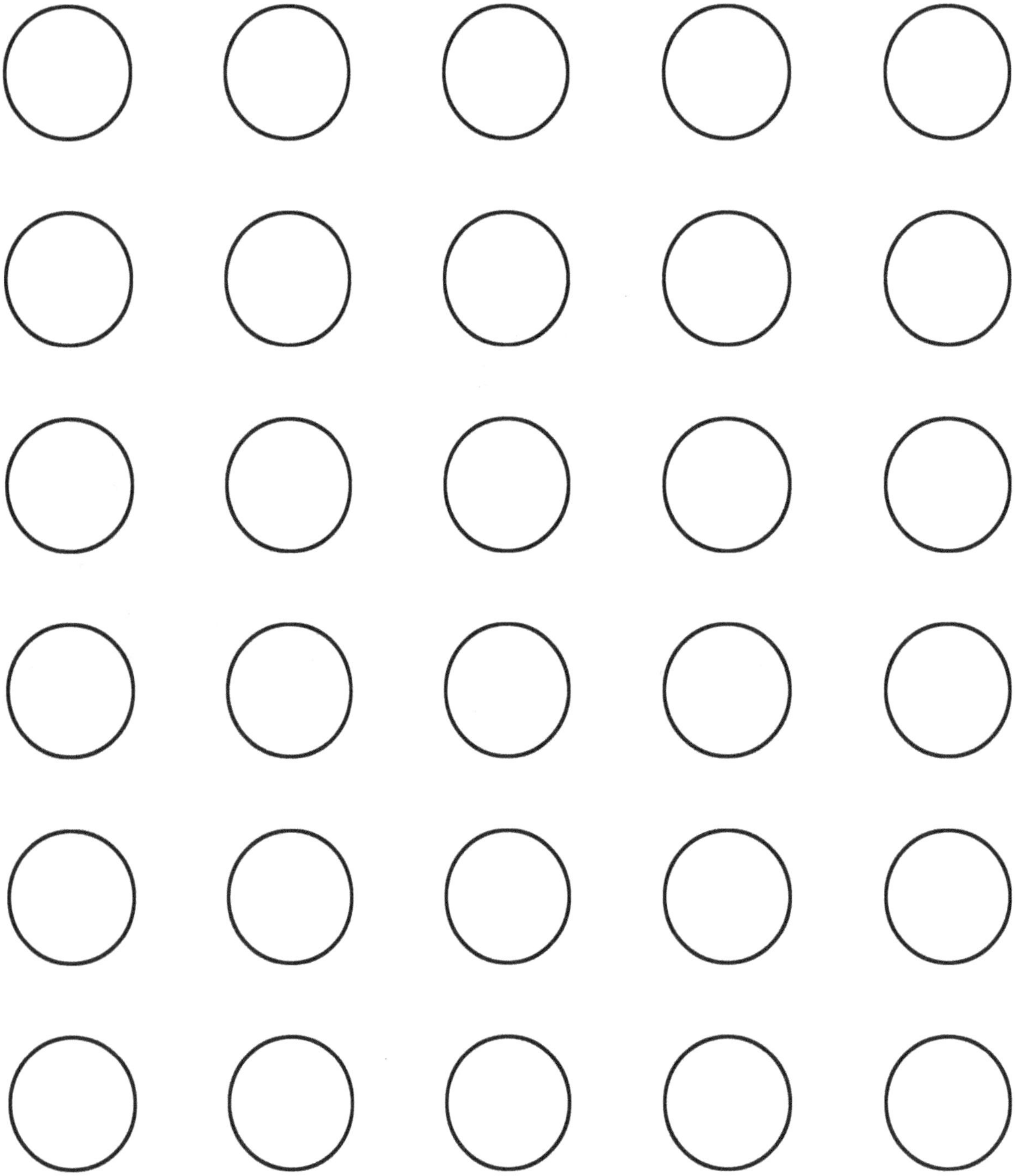

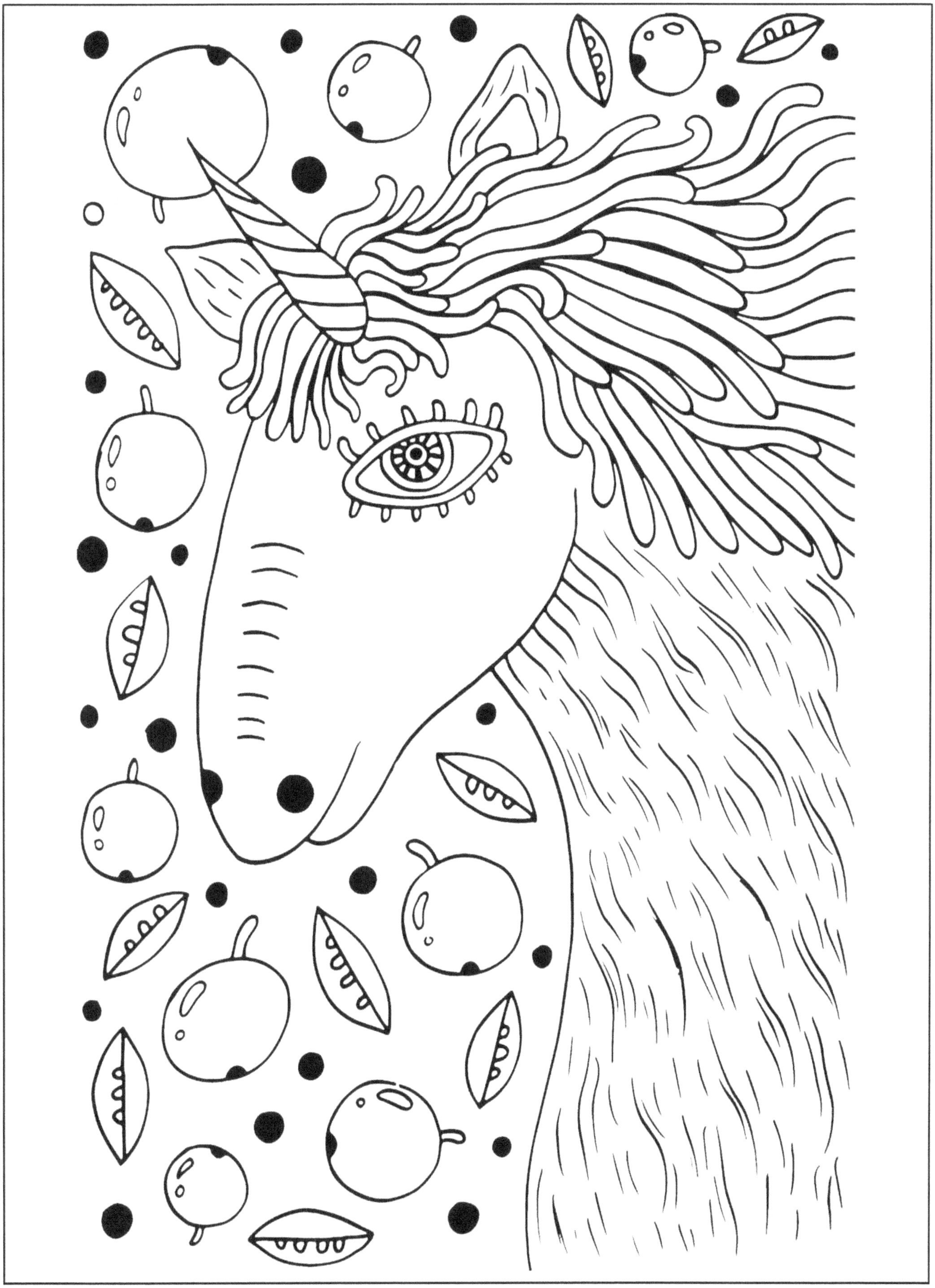

Test Your Color

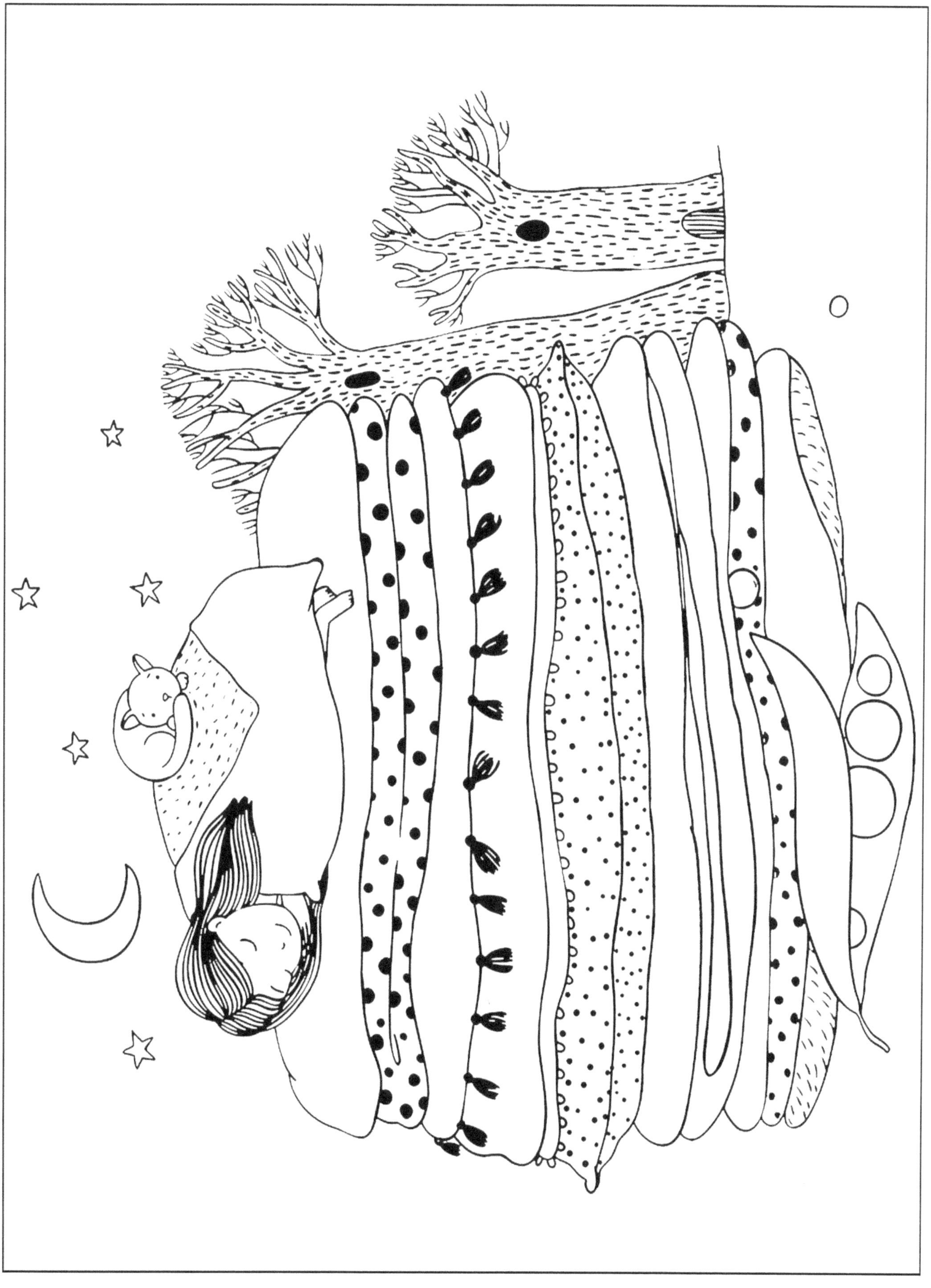

Test Your Color

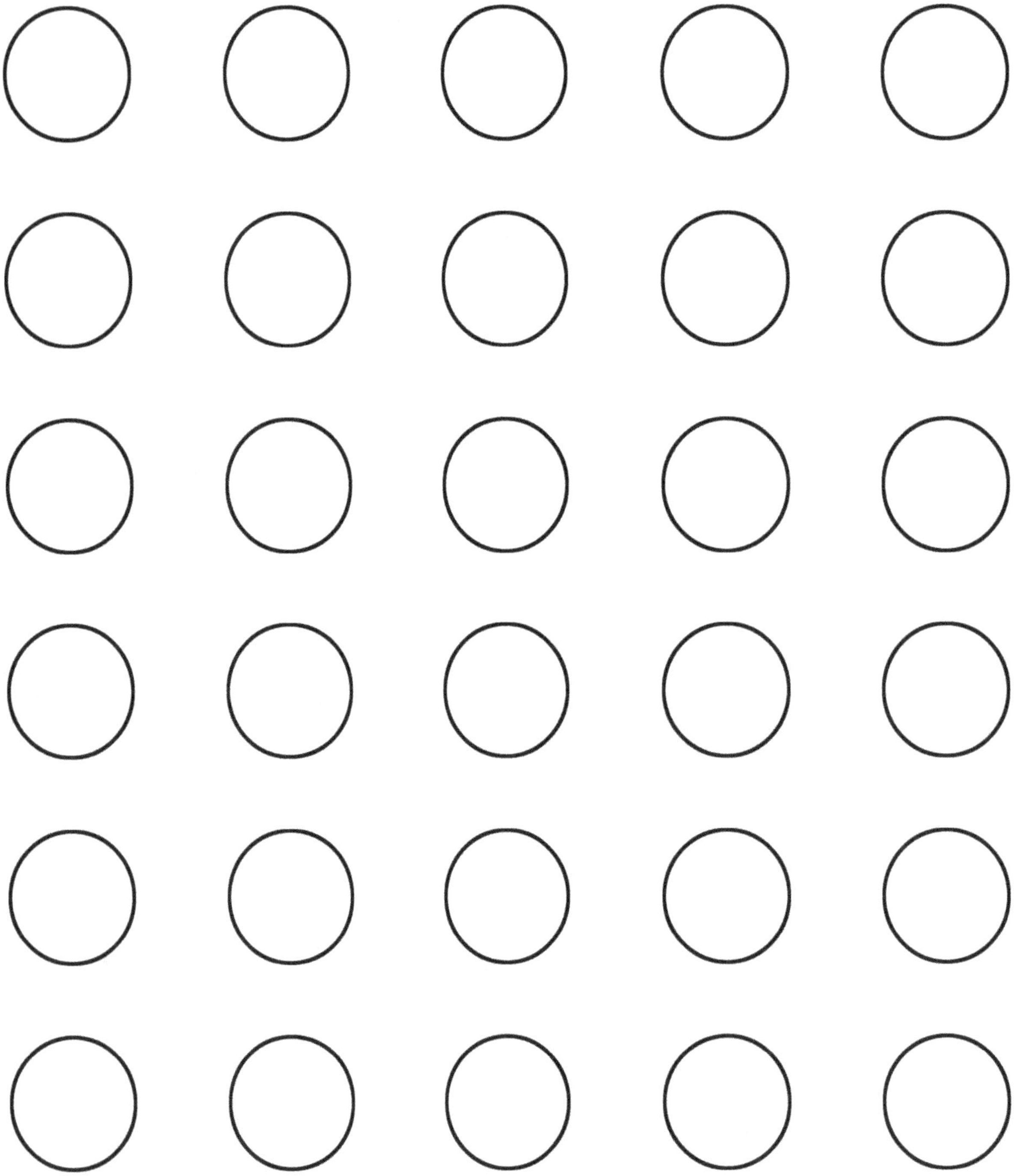

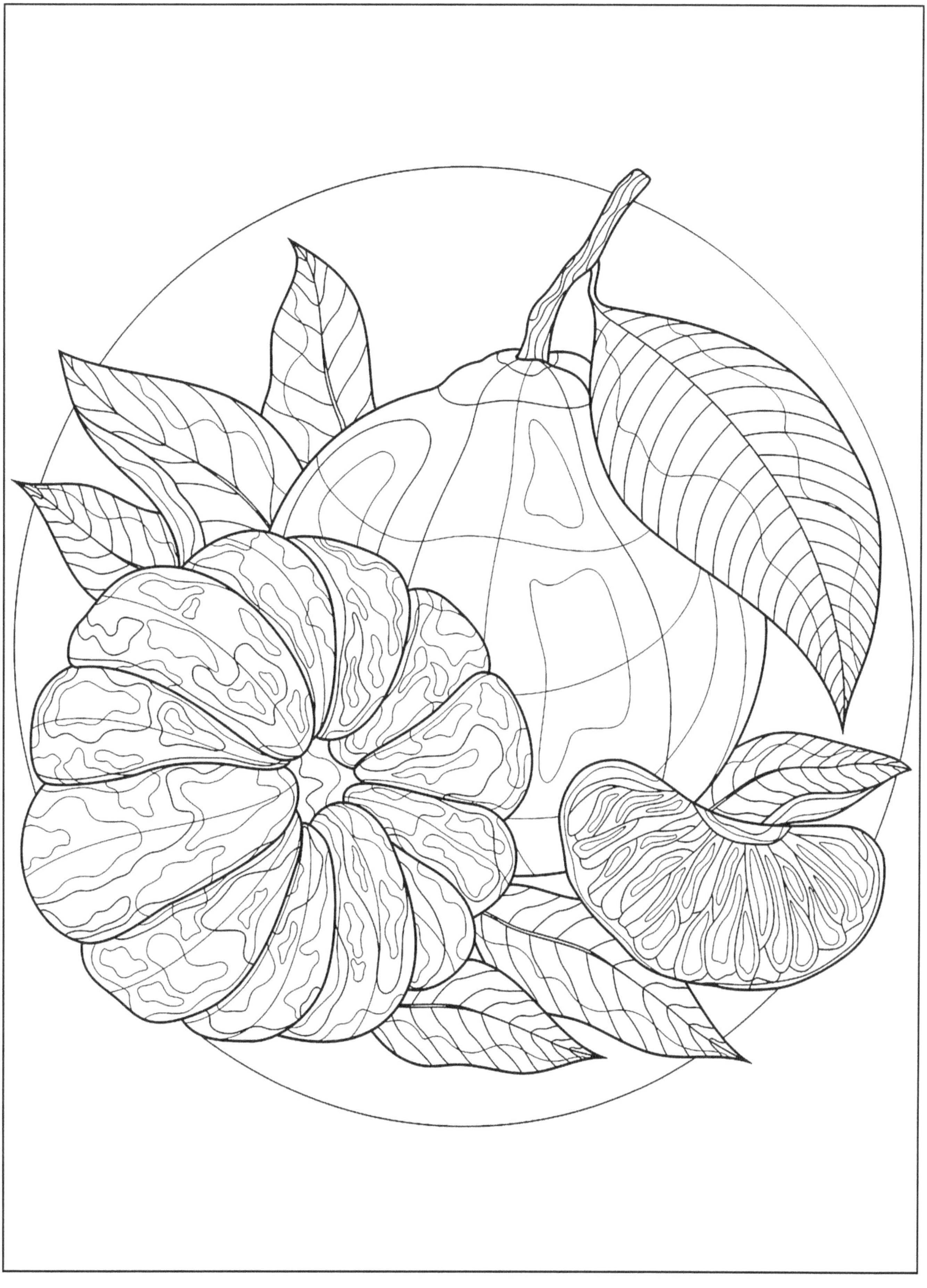

Test Your Color

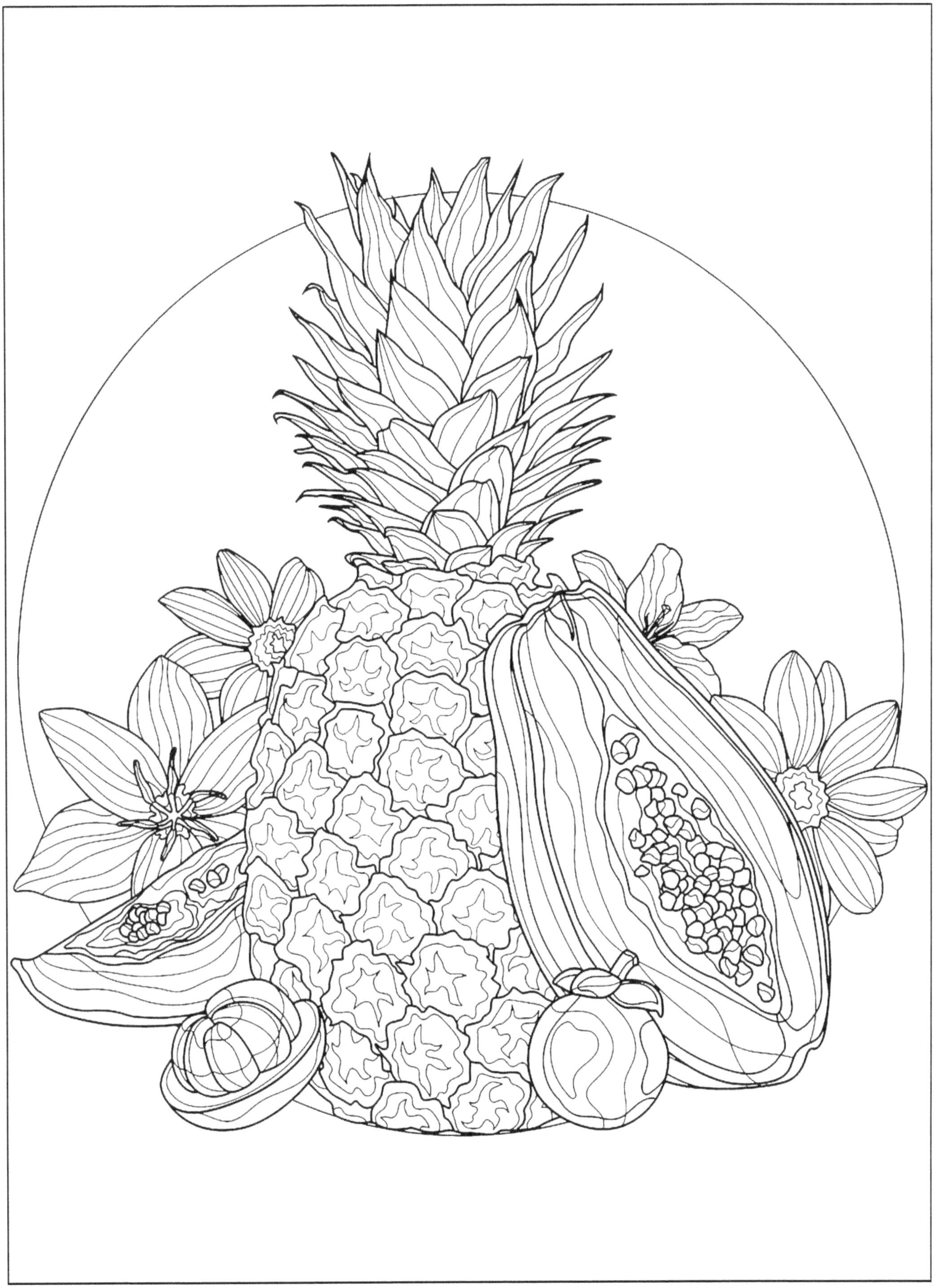

Test Your Color

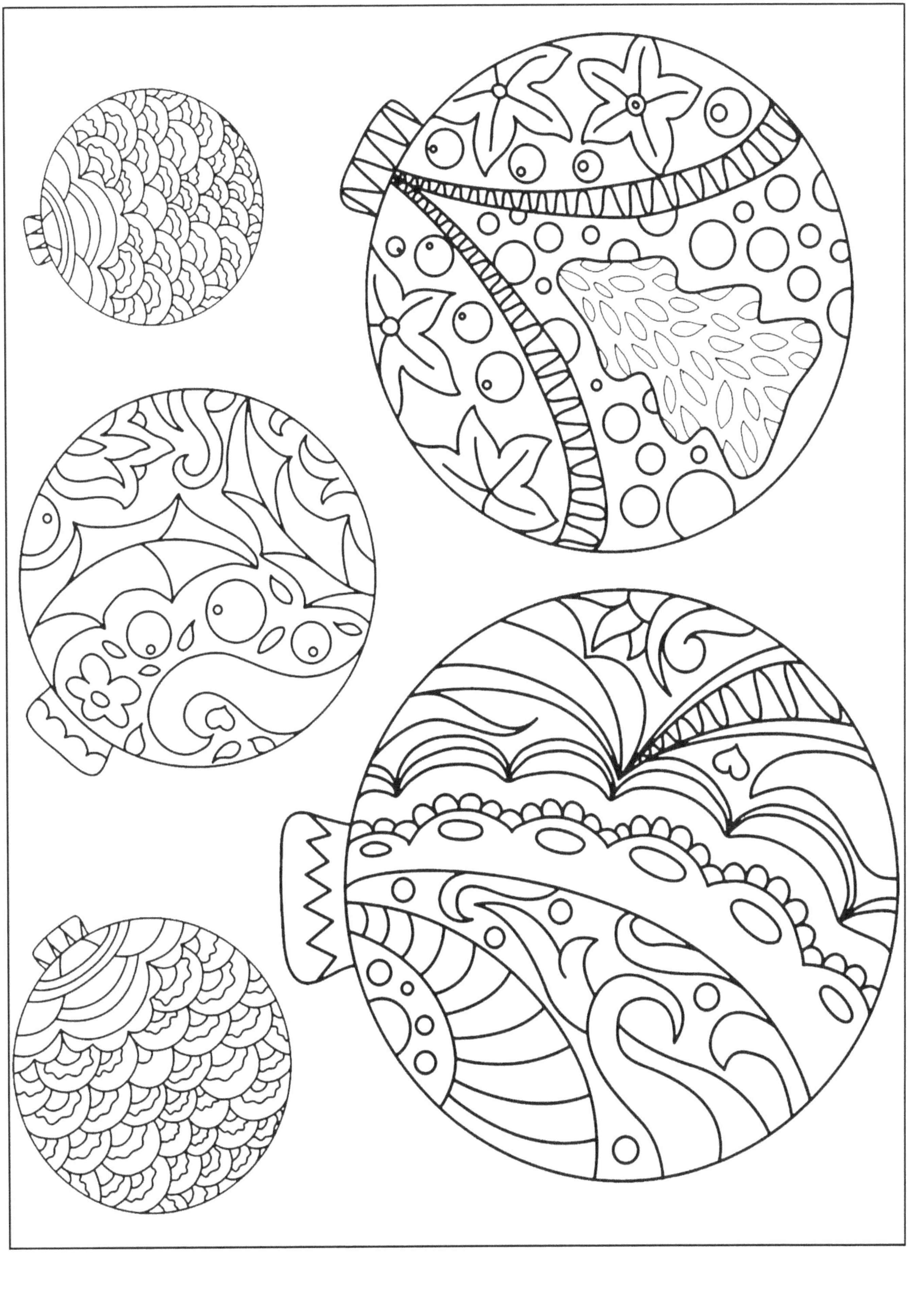

Test Your Color

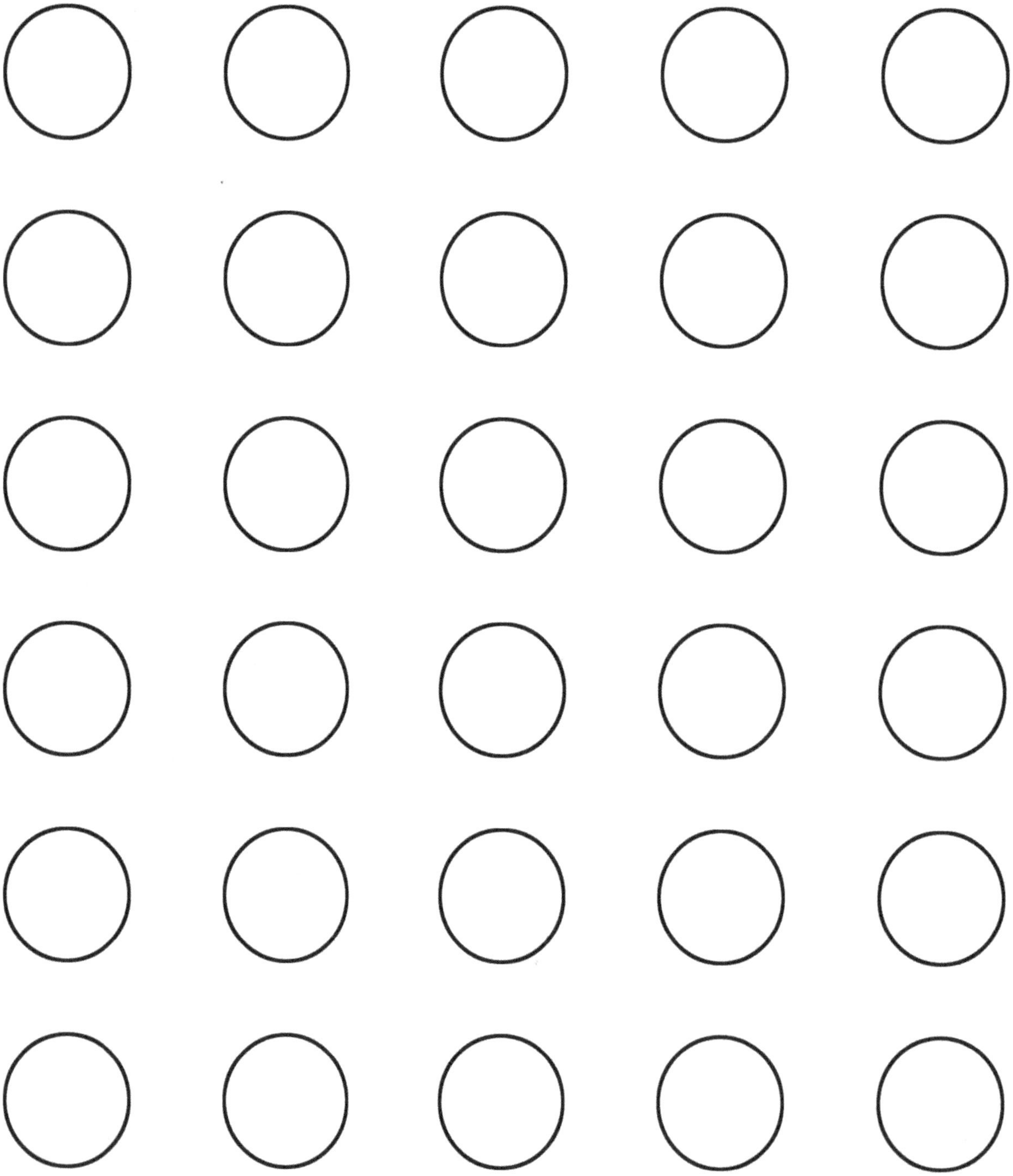

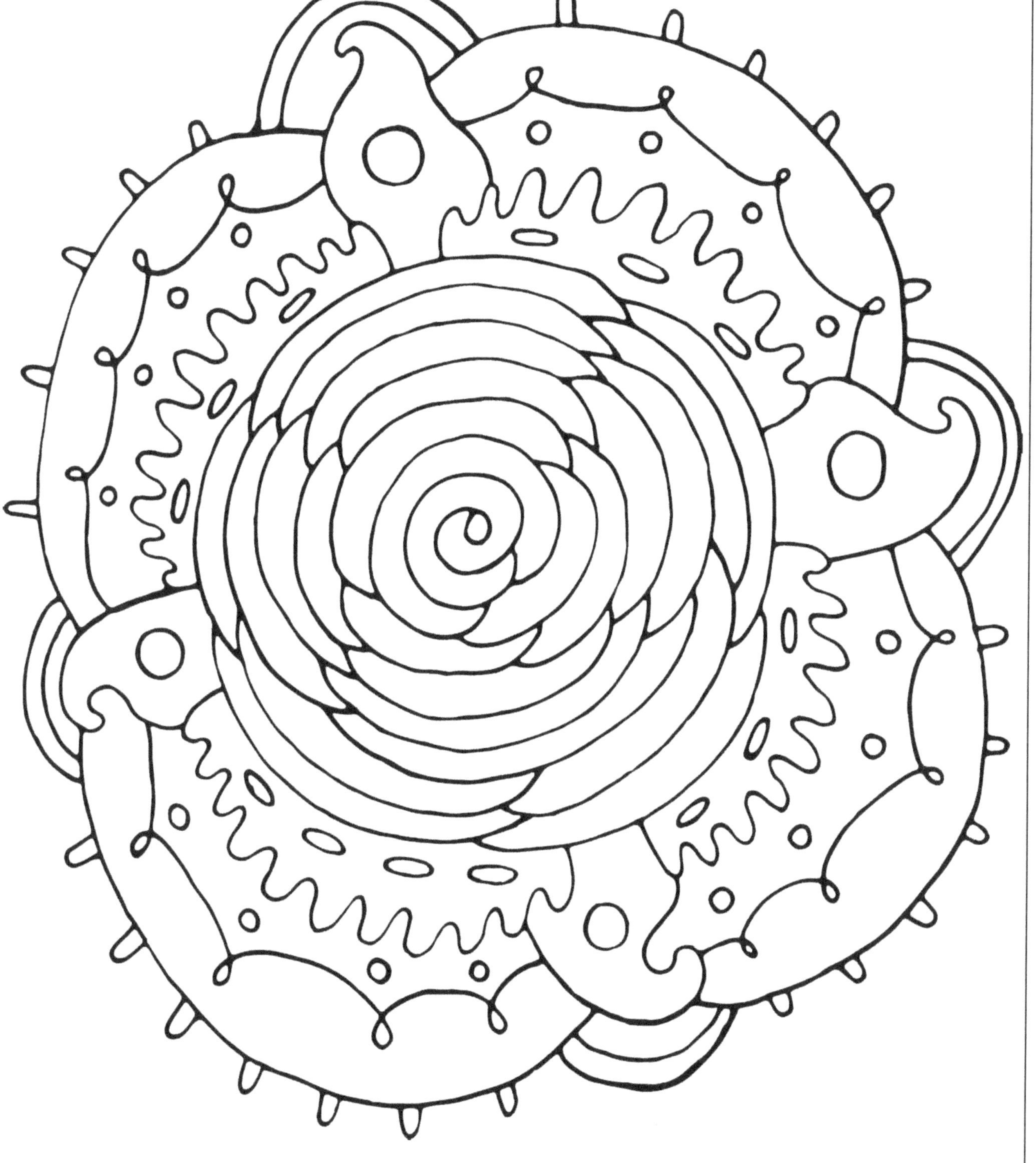

Test Your Color

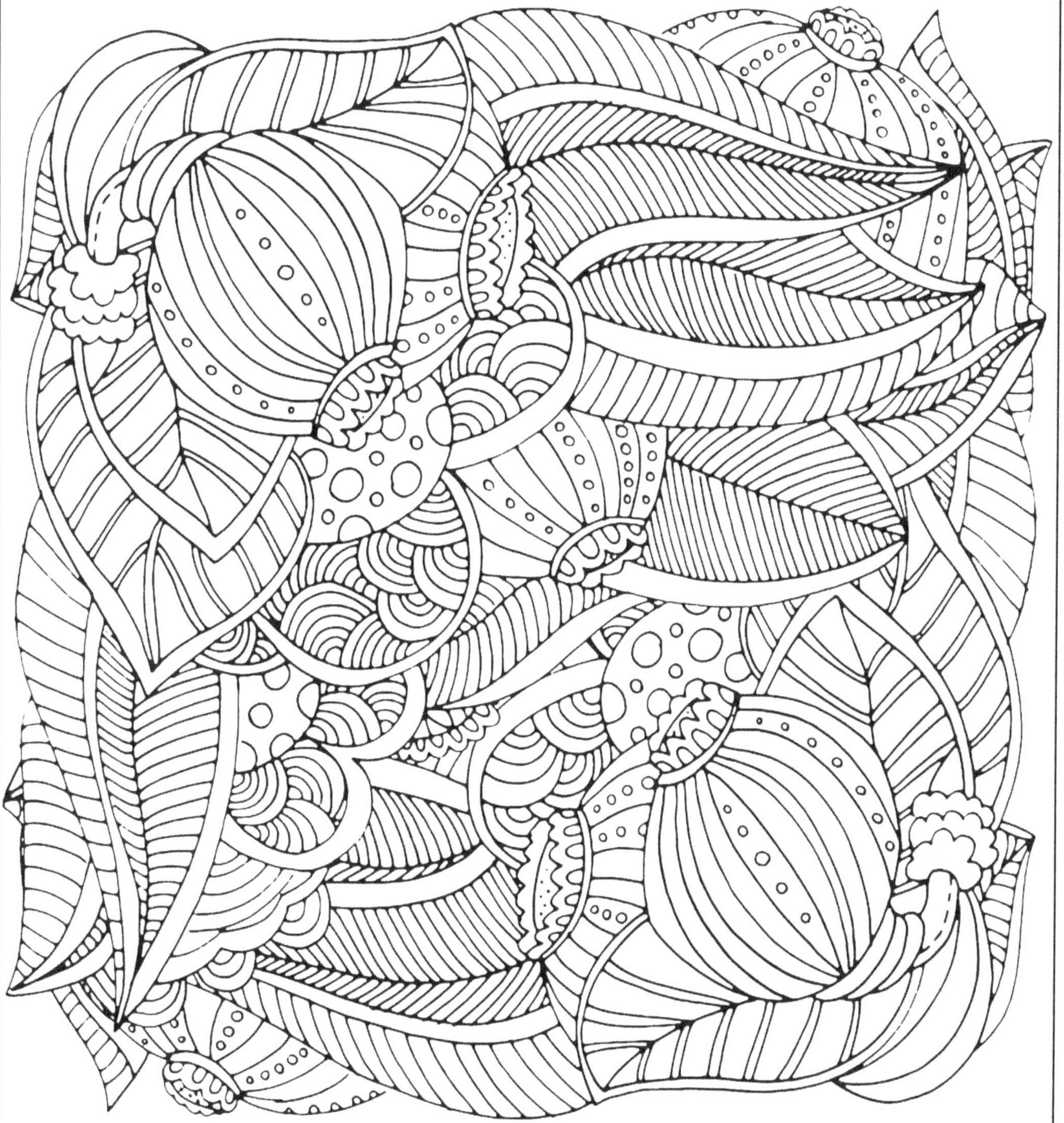

Test Your Color

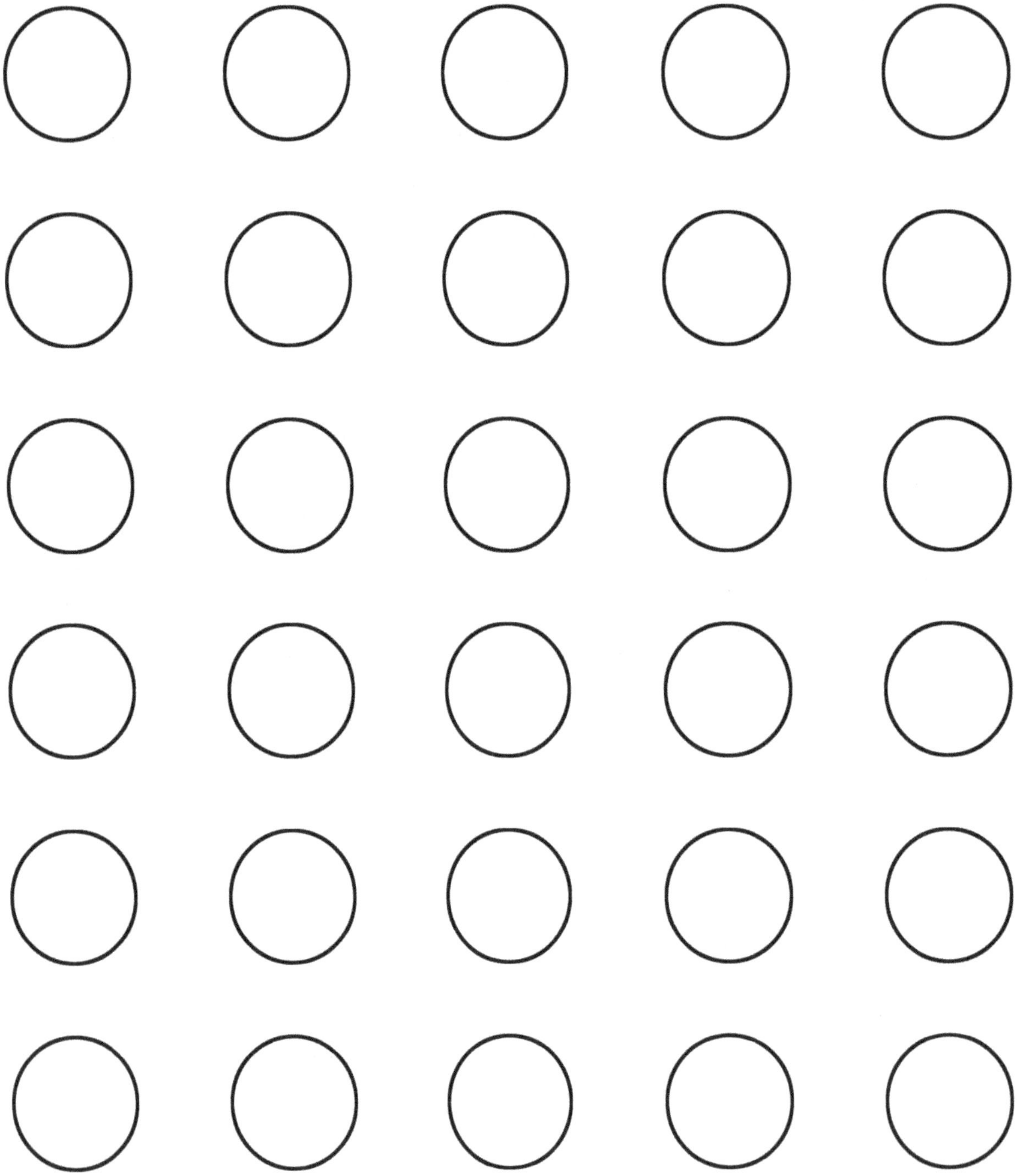

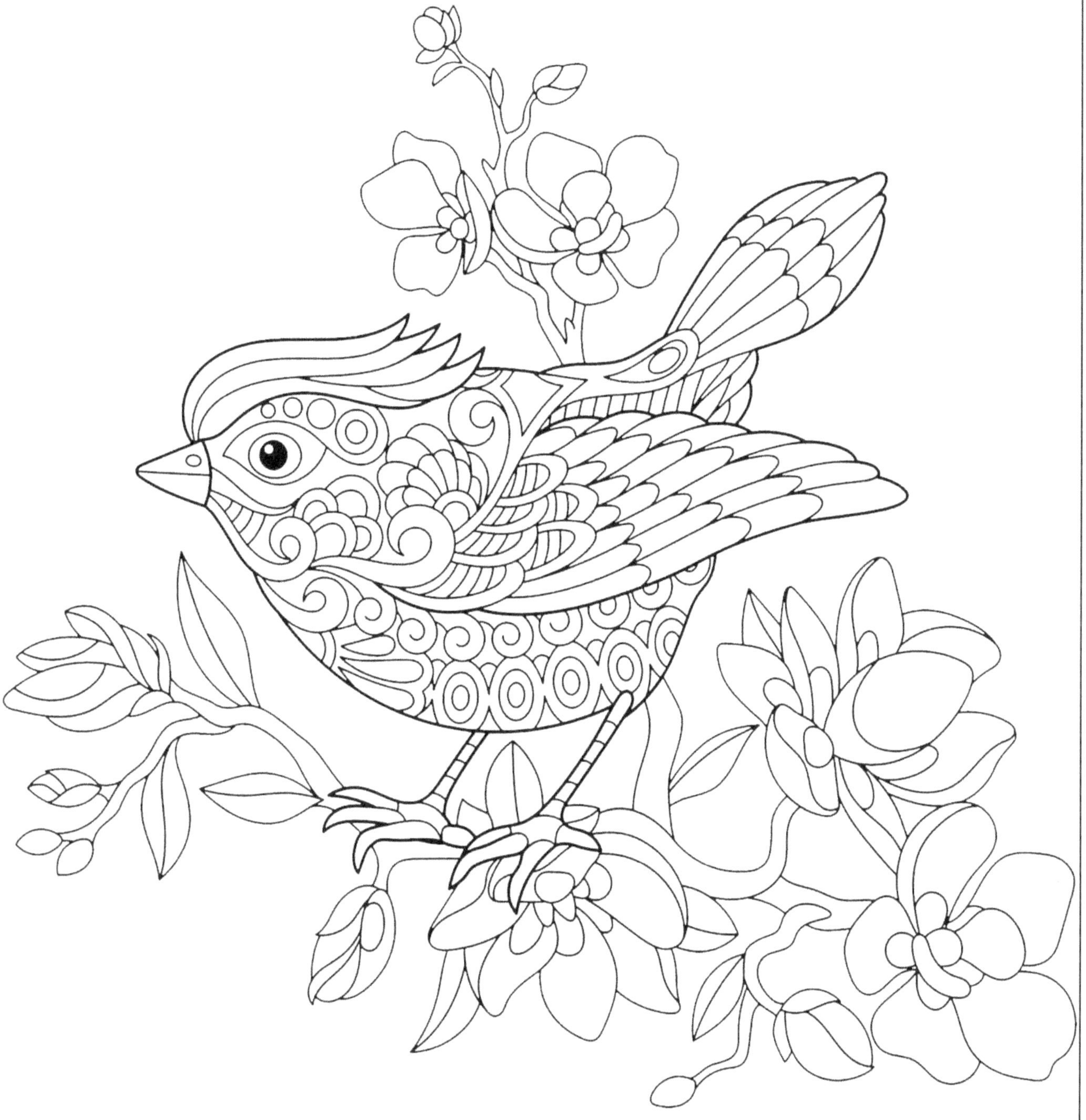

Test Your Color

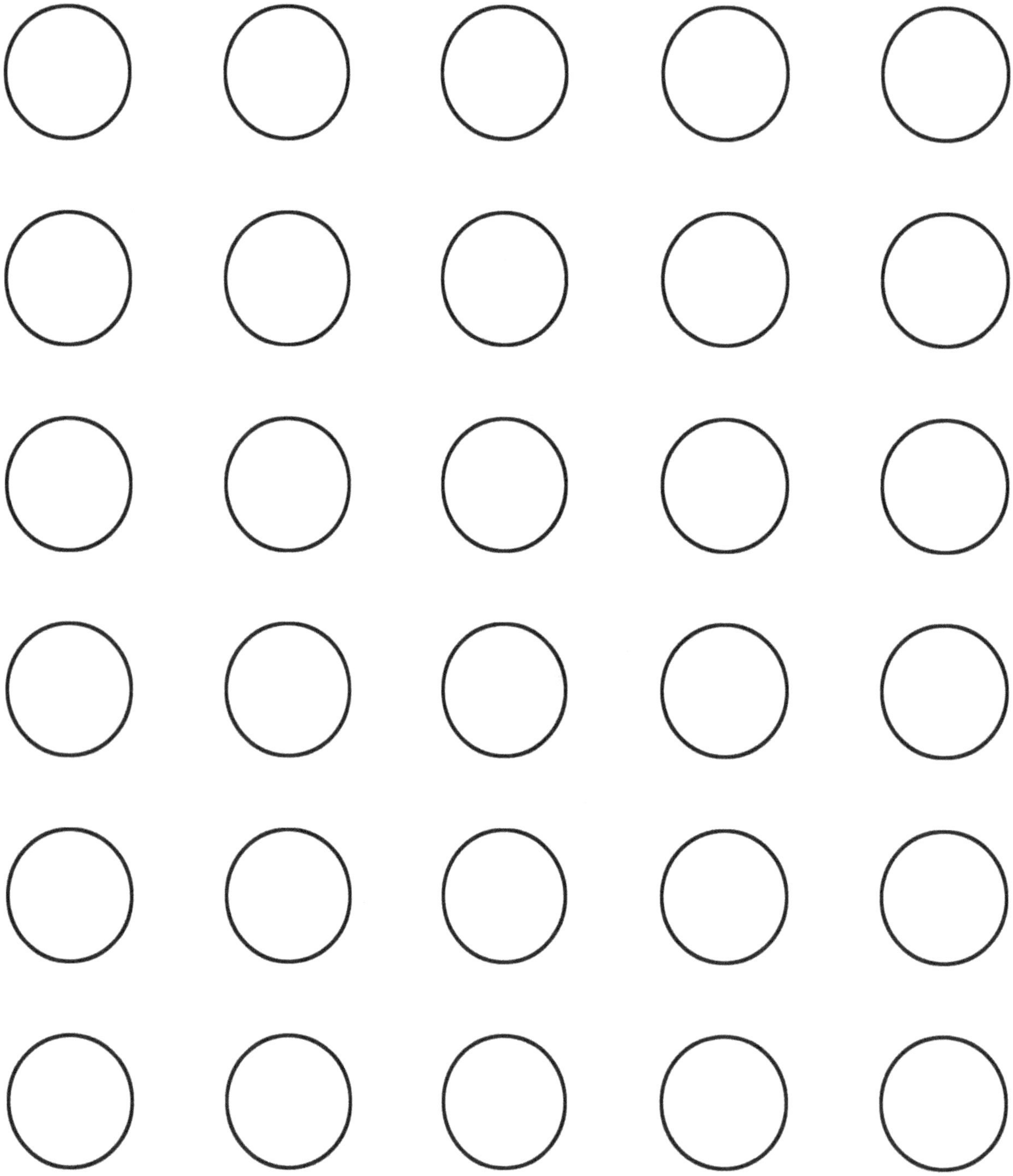

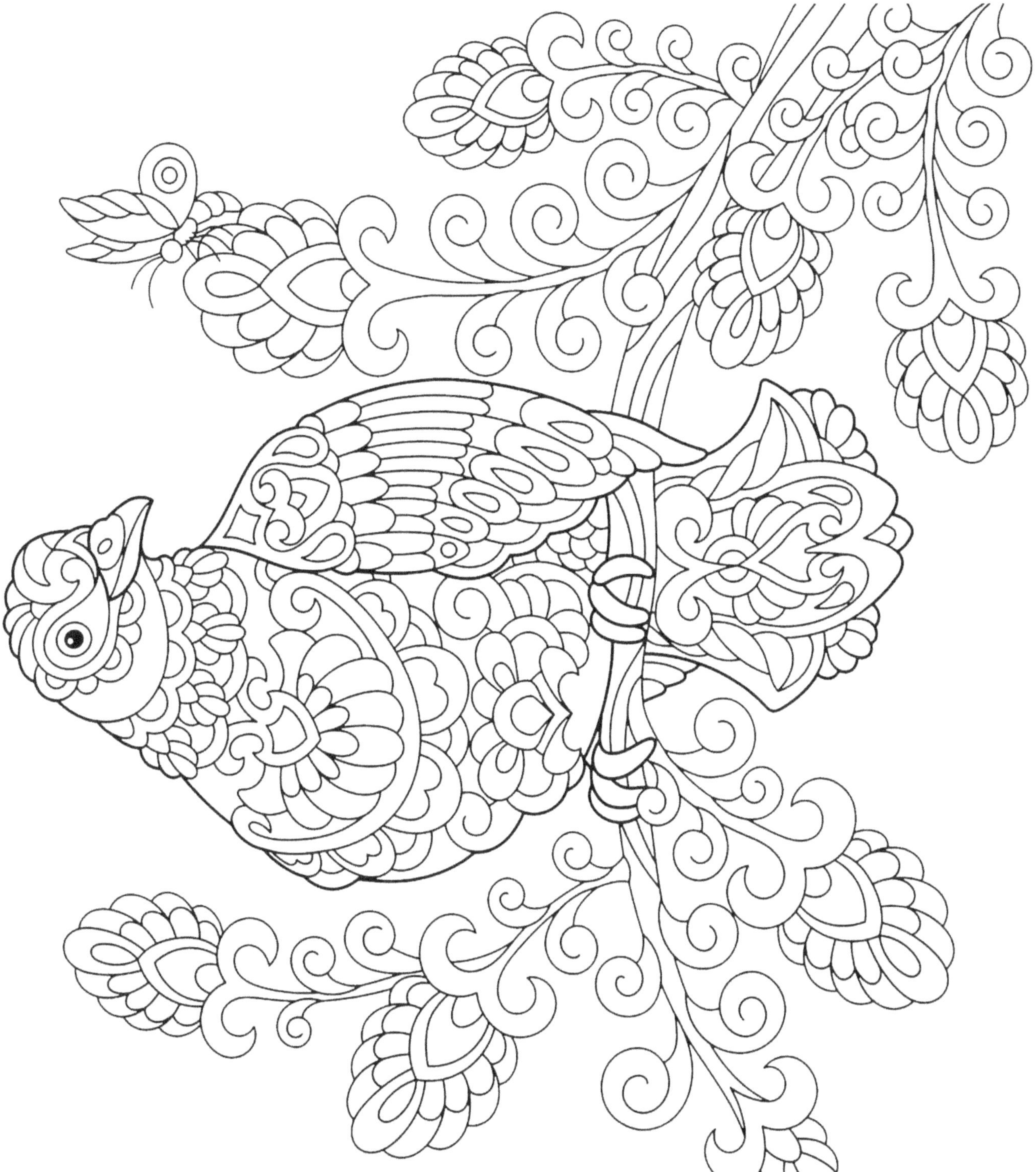

Test Your Color

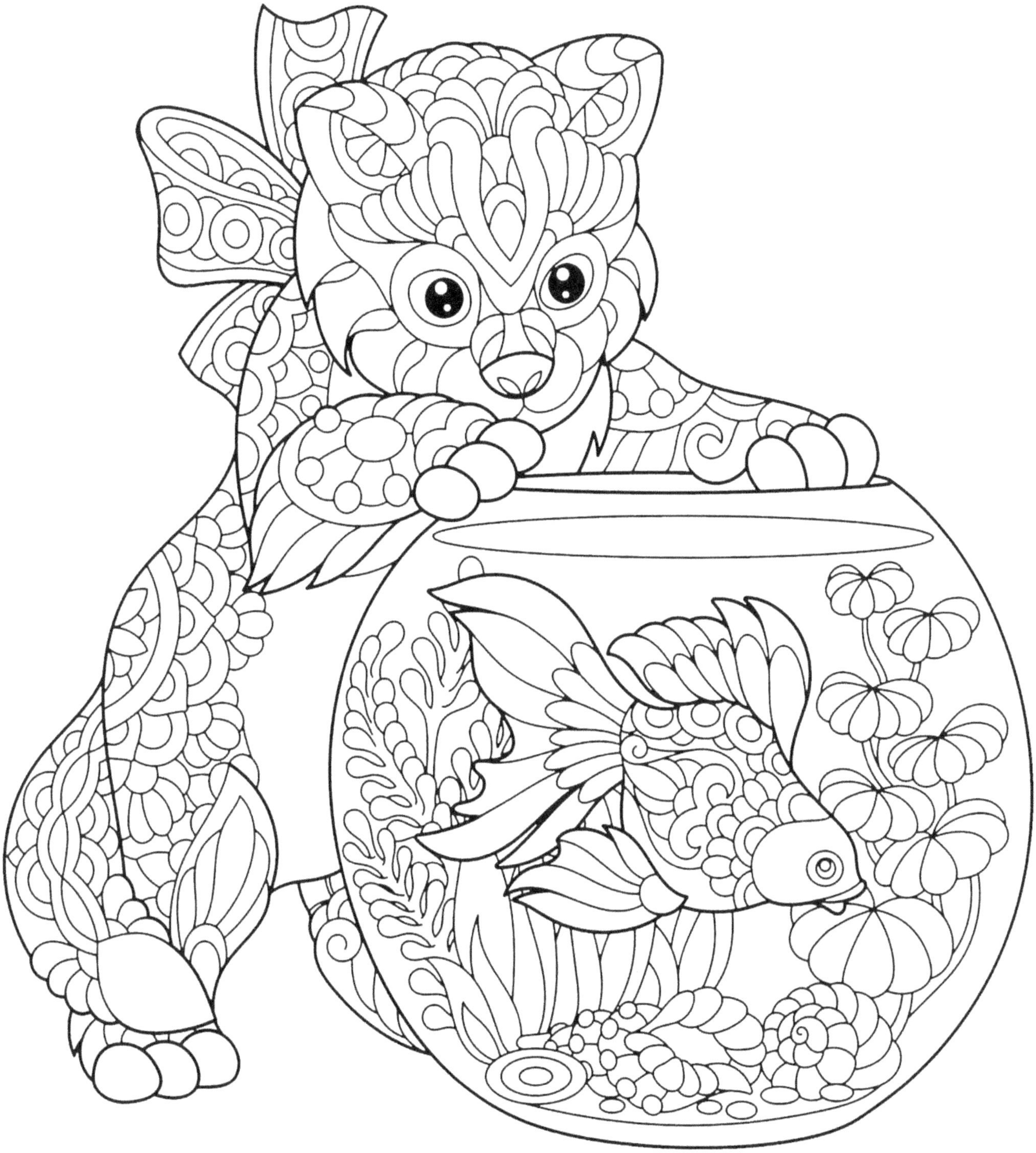

Test Your Color

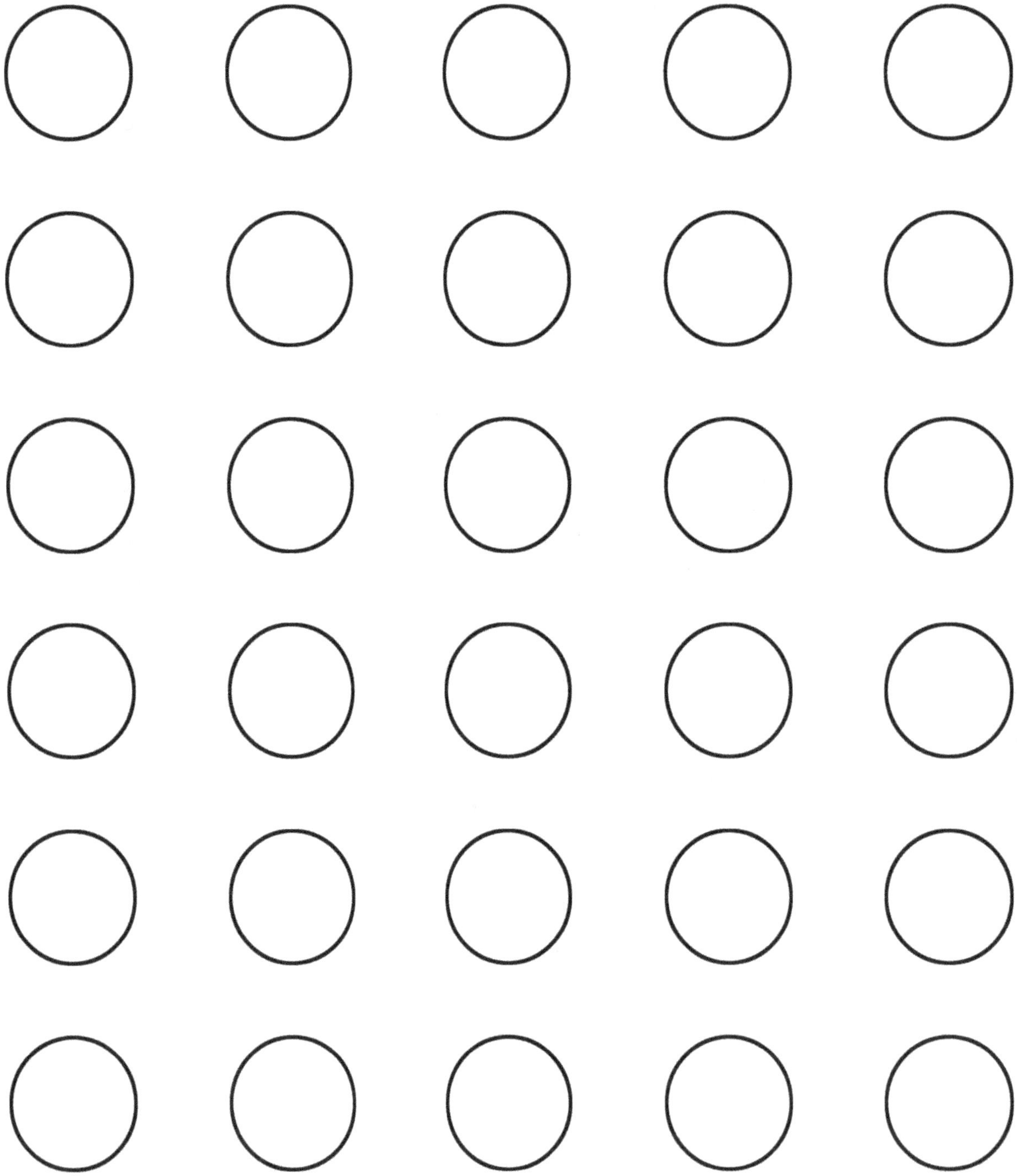

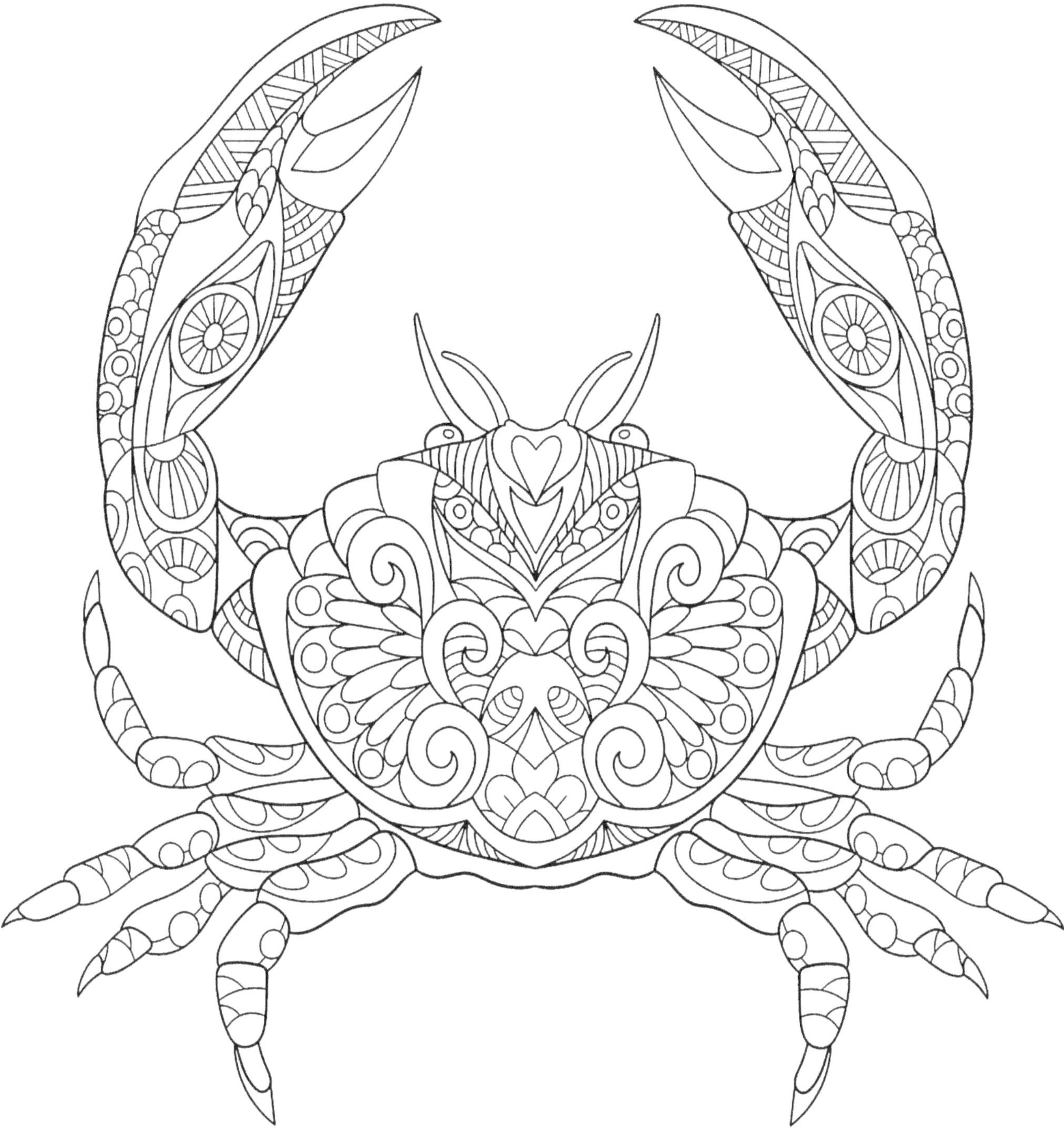

Test Your Color

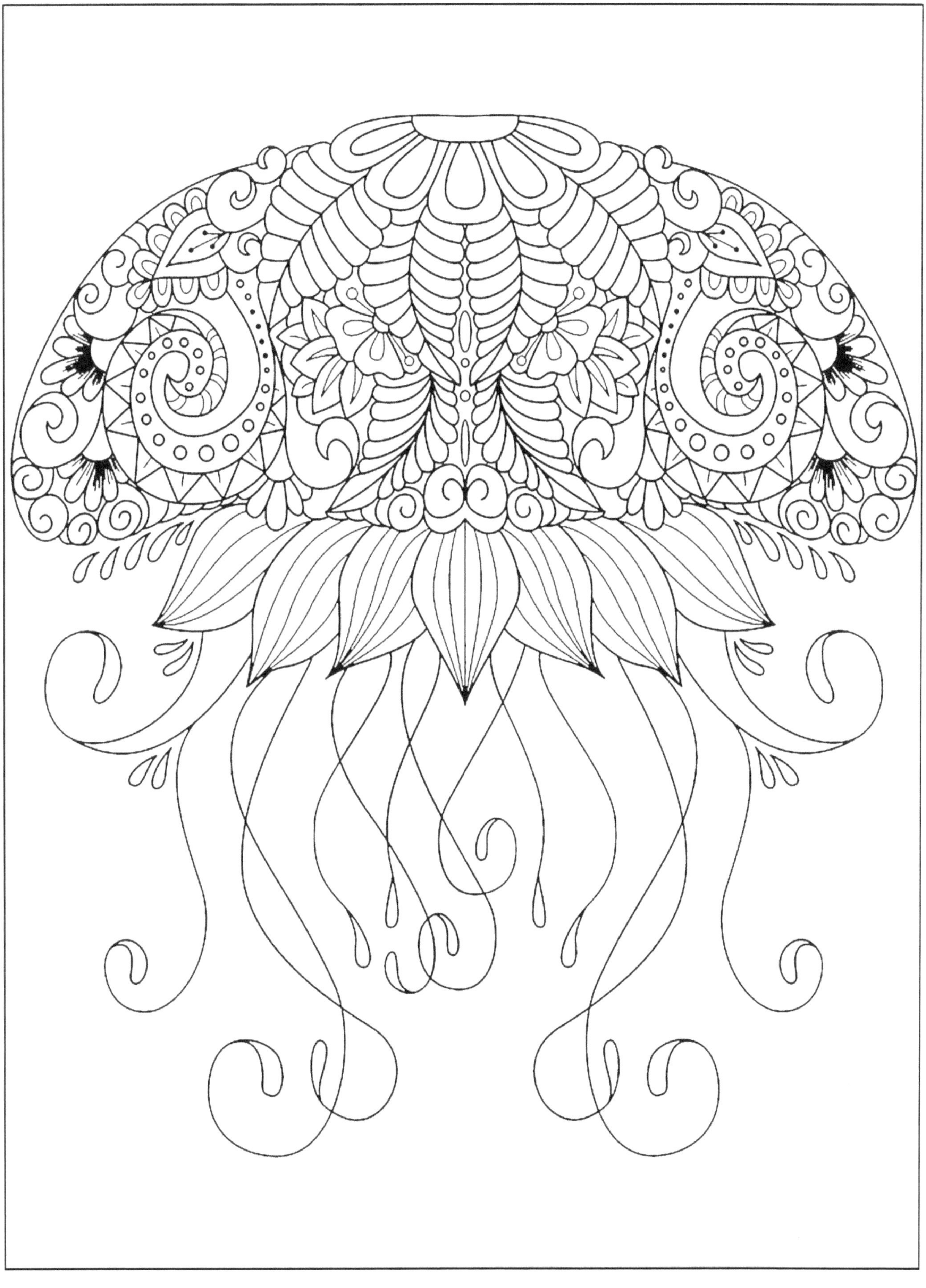

Test Your Color

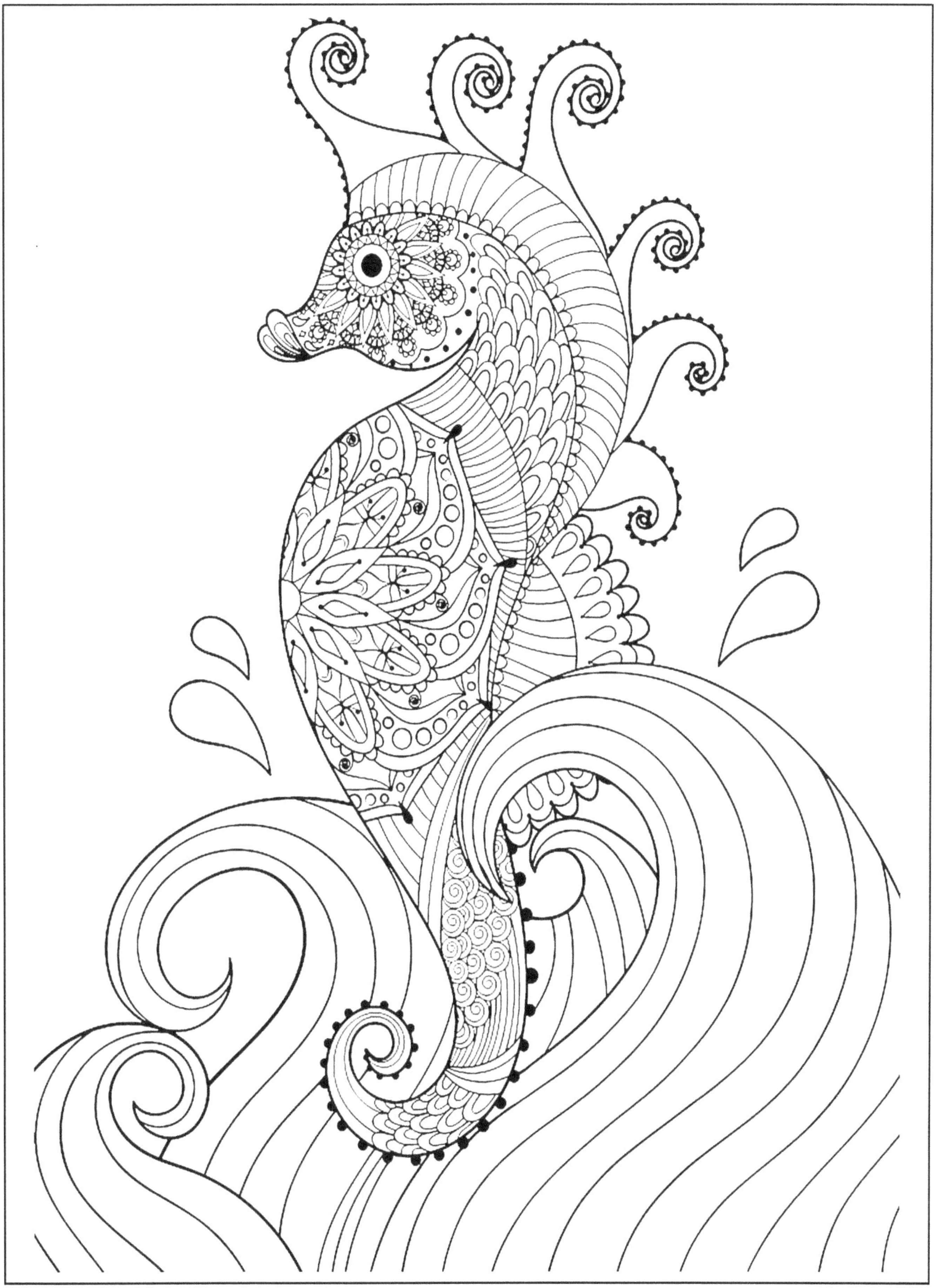

Test Your Color

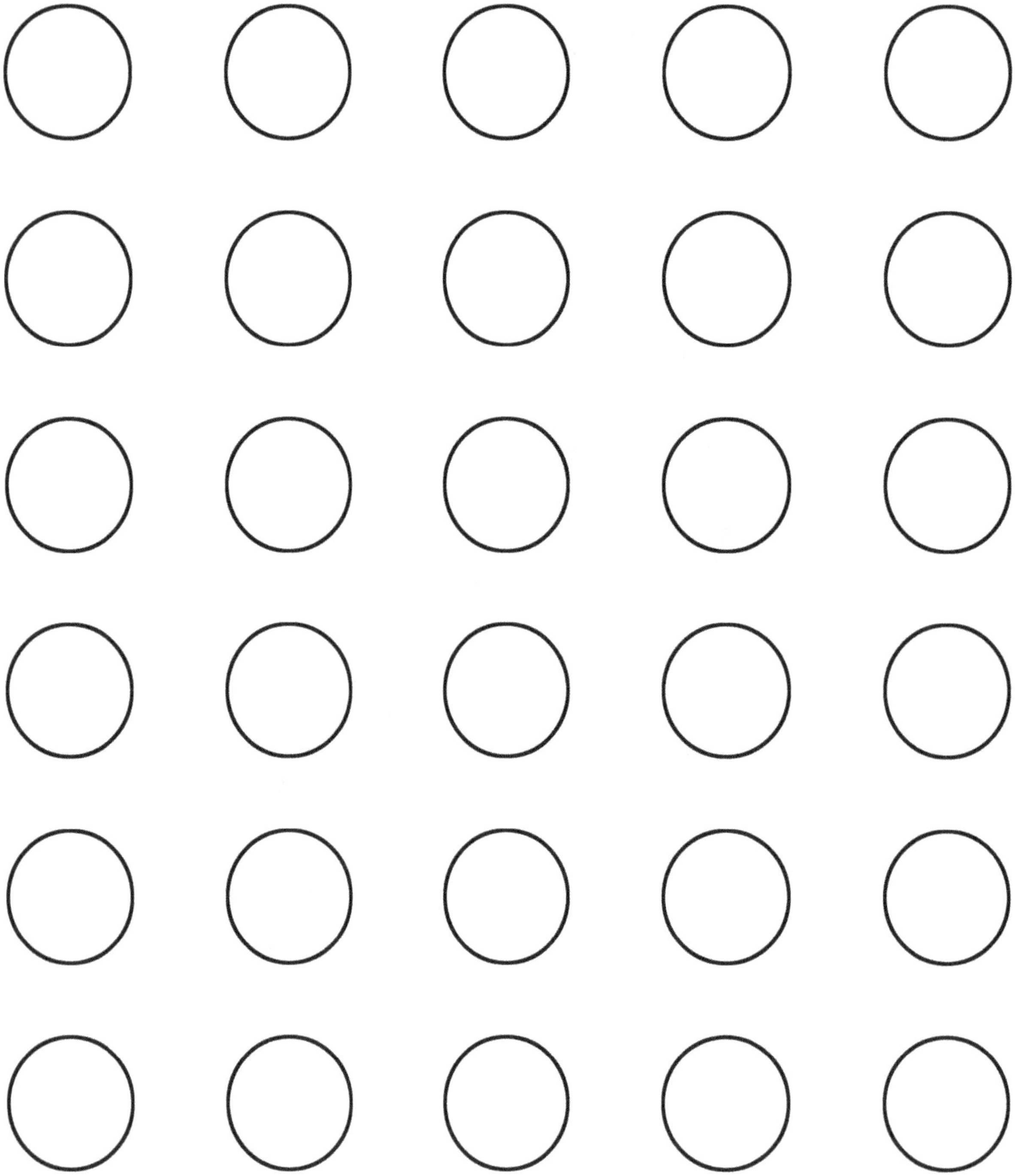

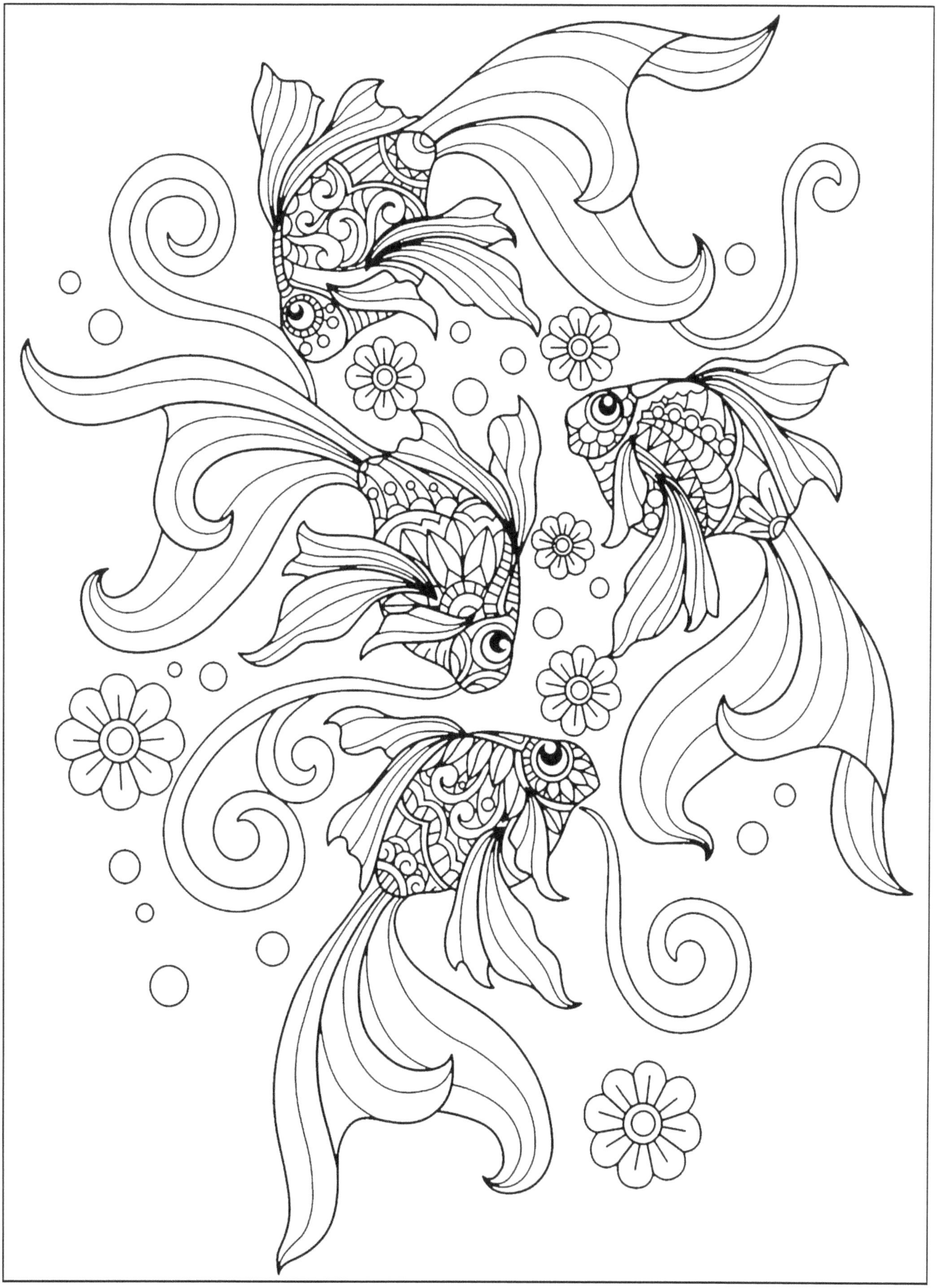

Test Your Color

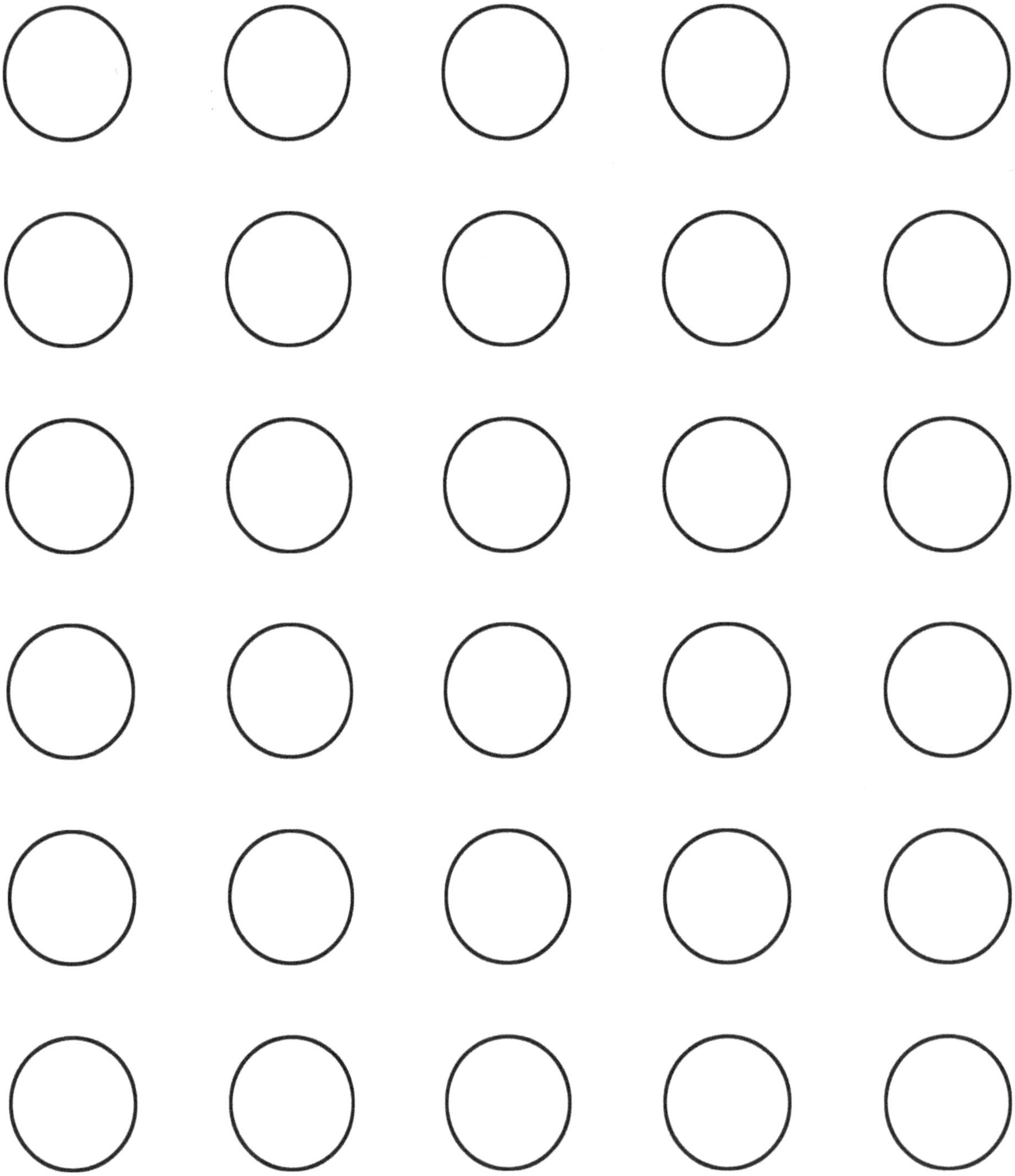

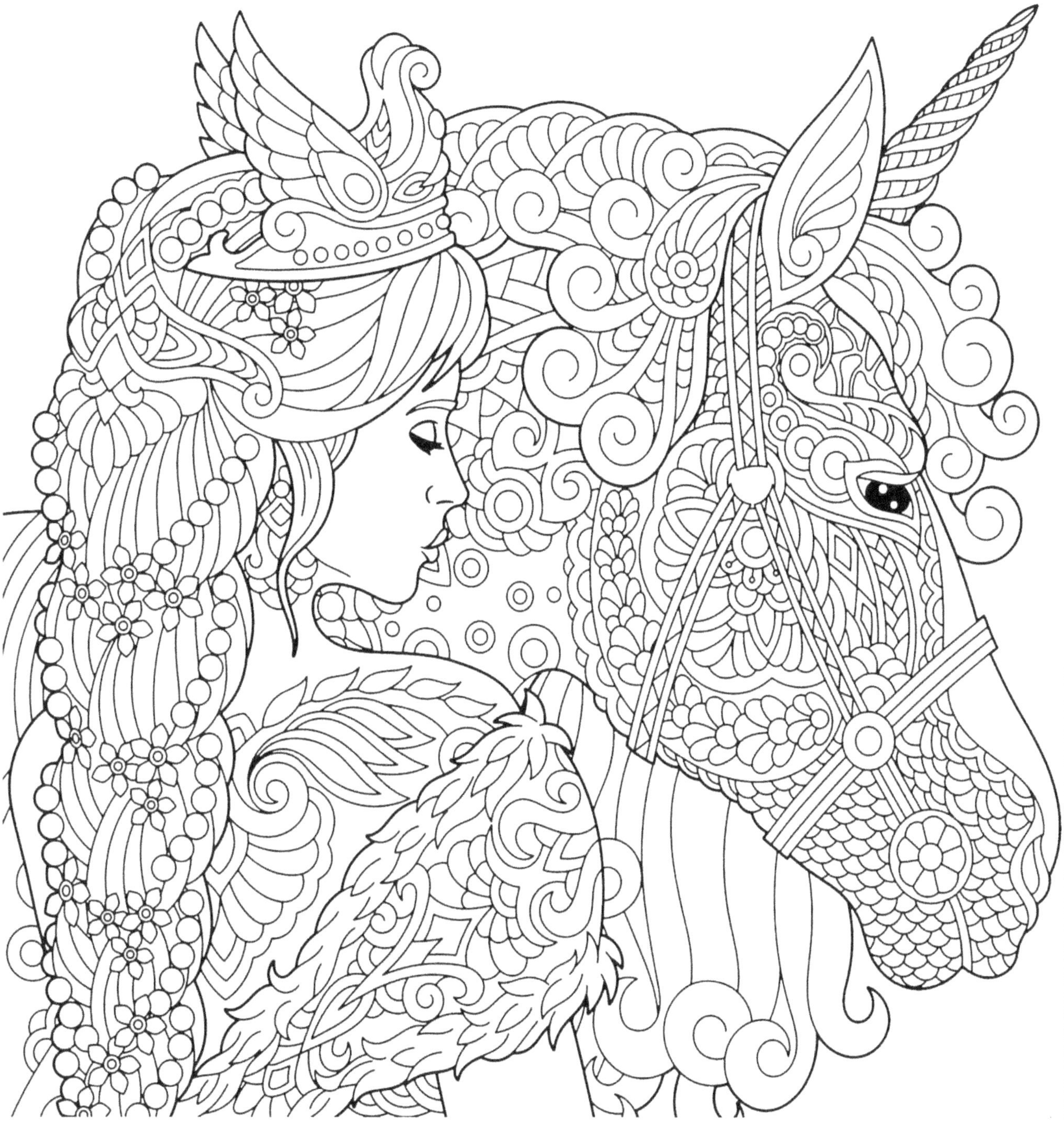

Test Your Color

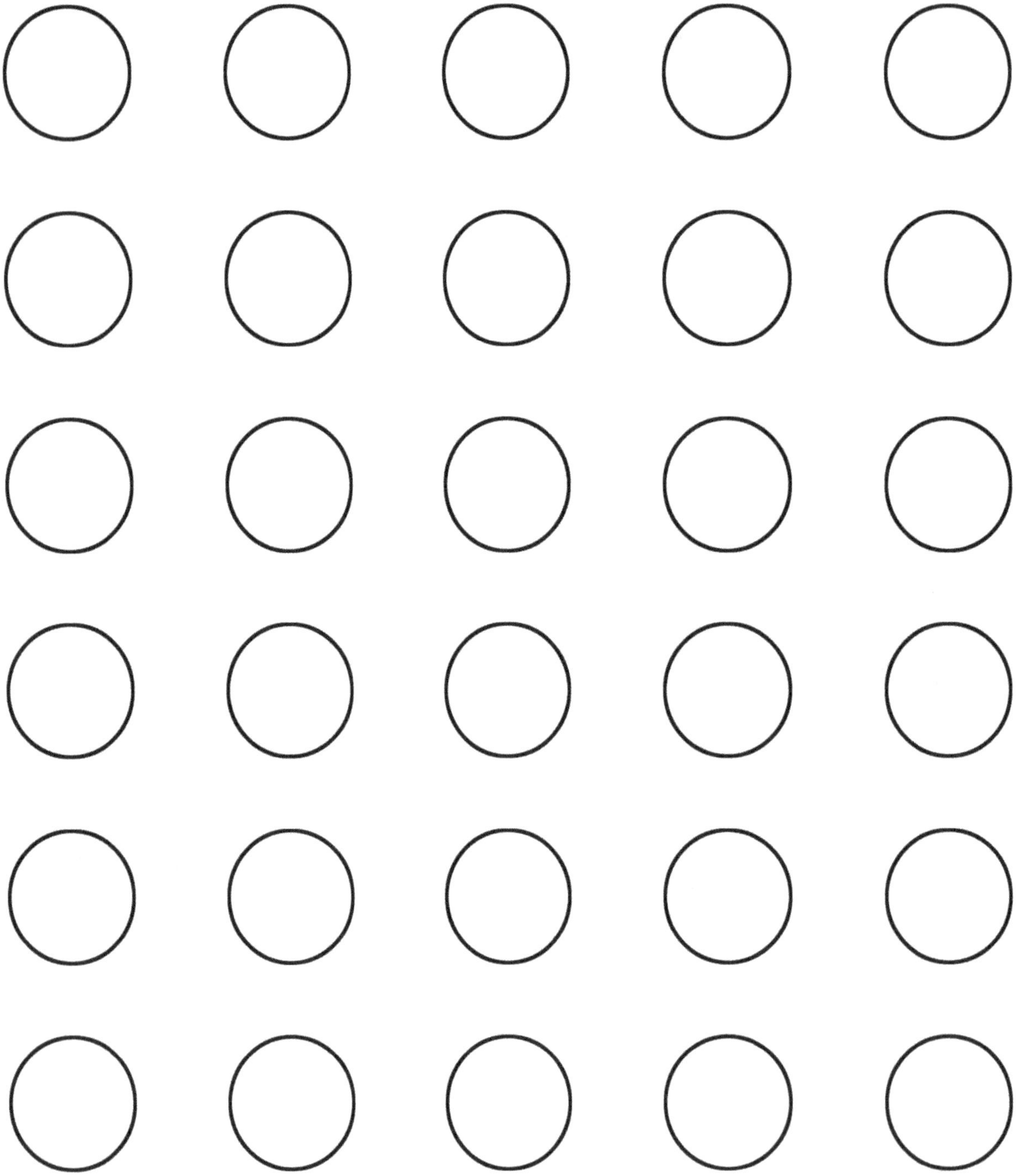

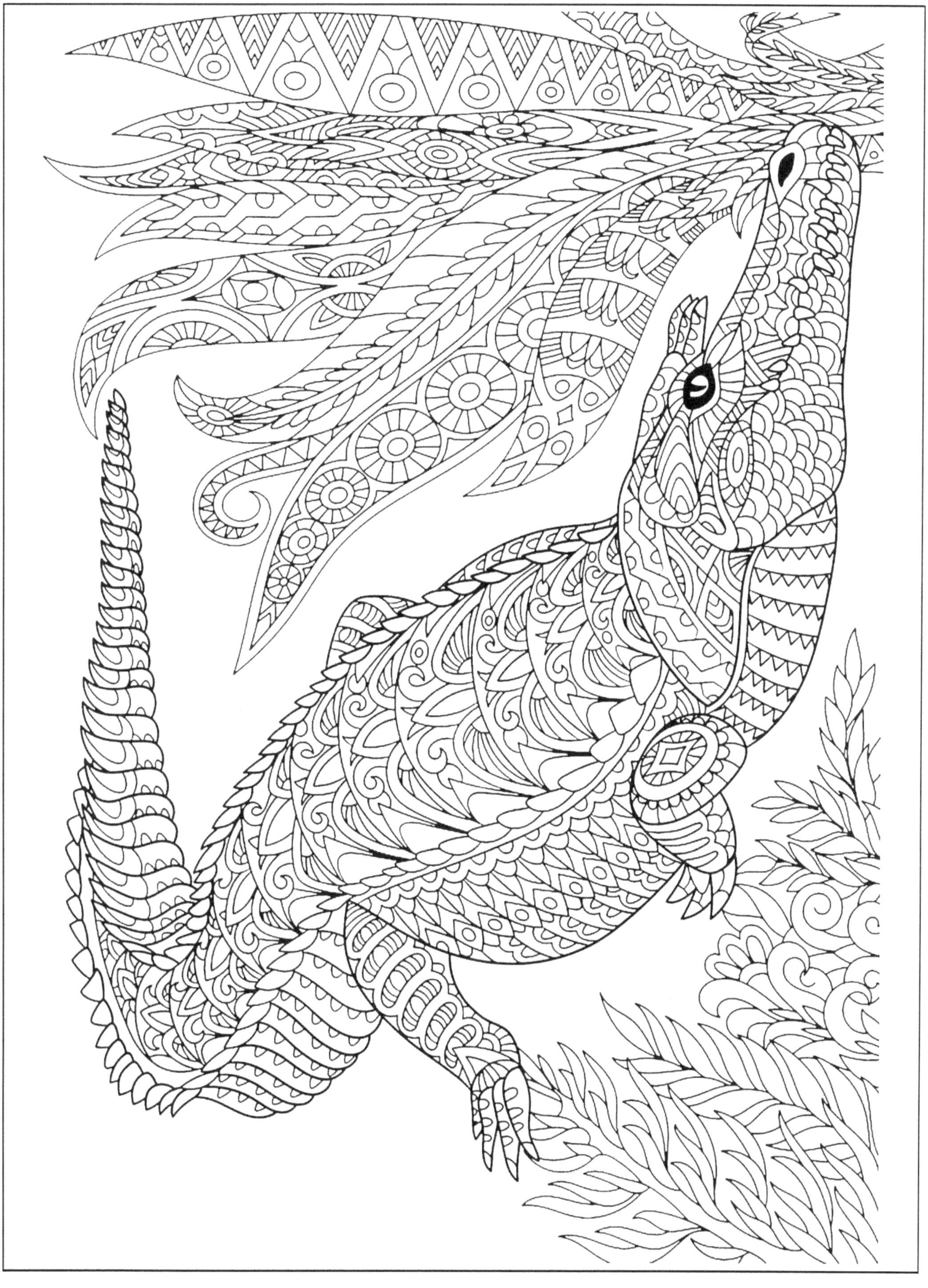

Test Your Color

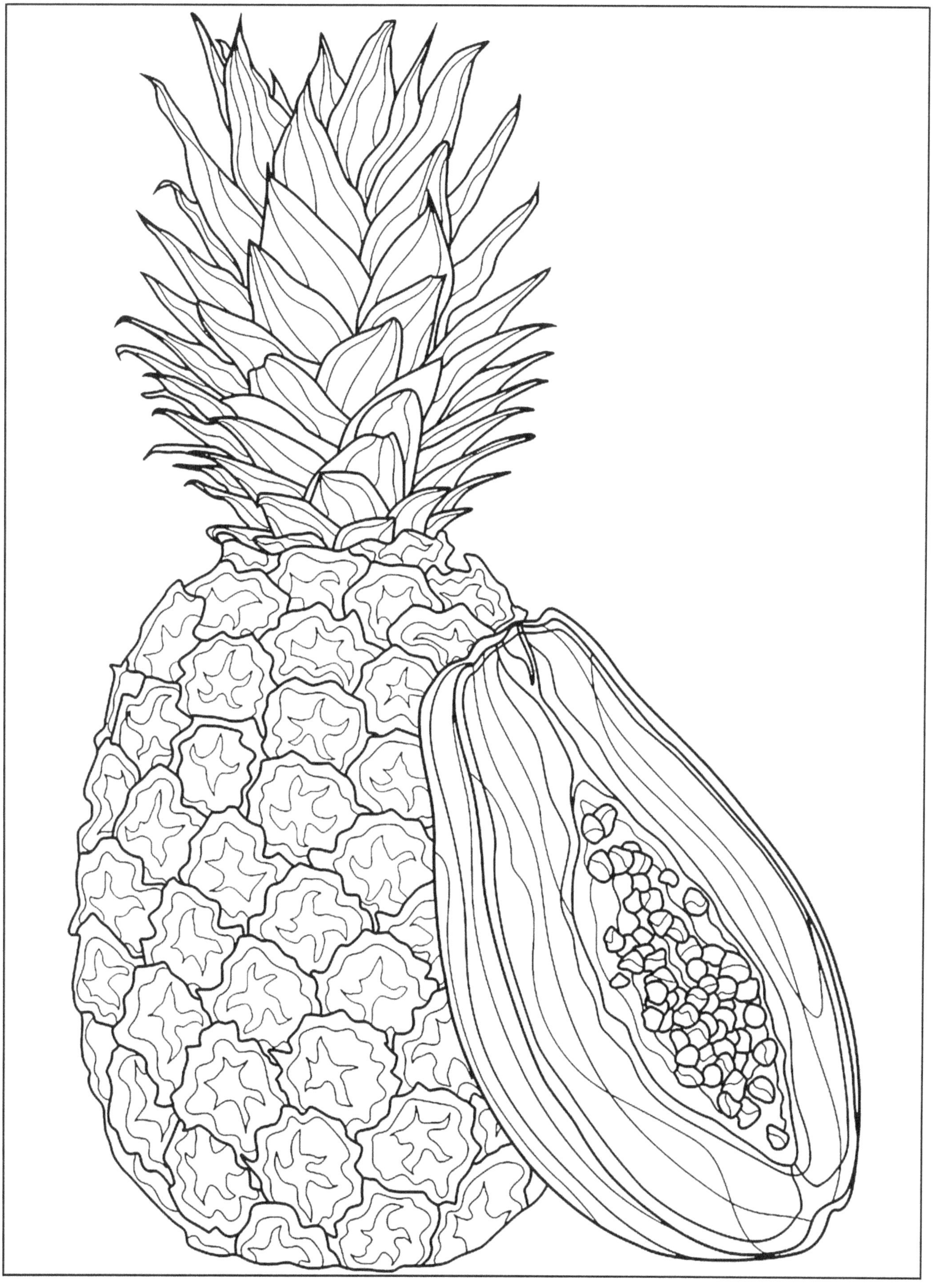

Test Your Color

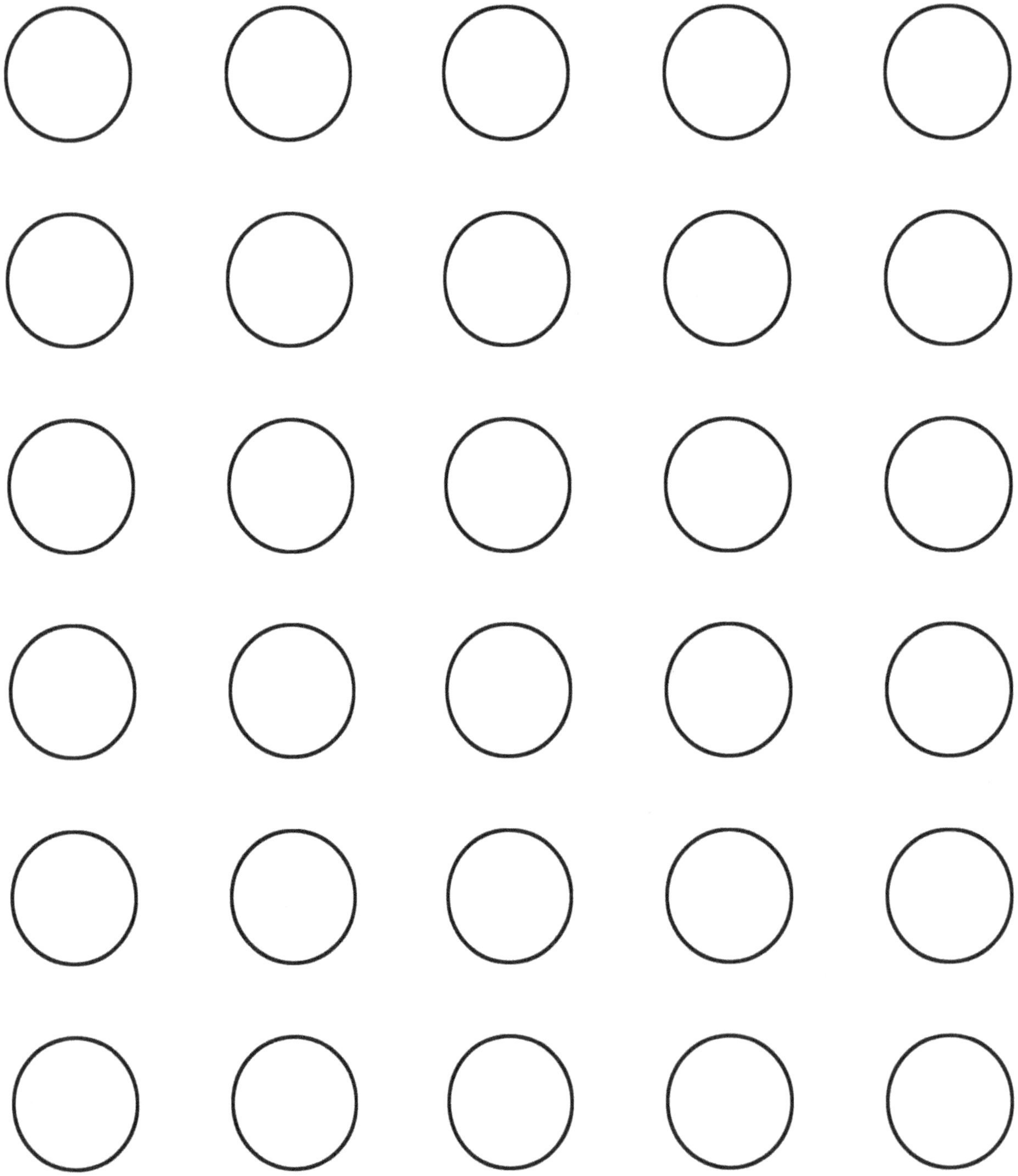

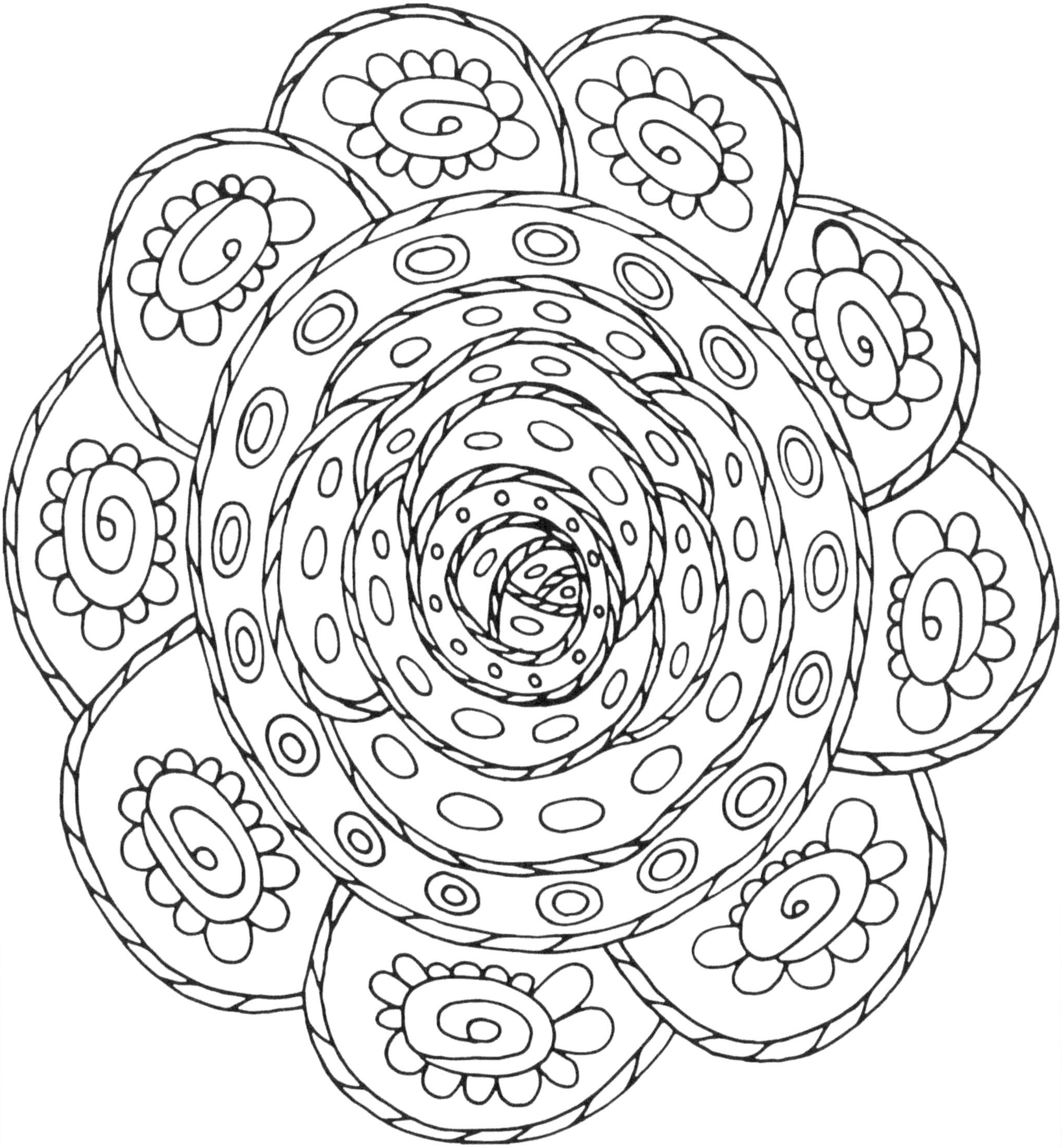

Test Your Color

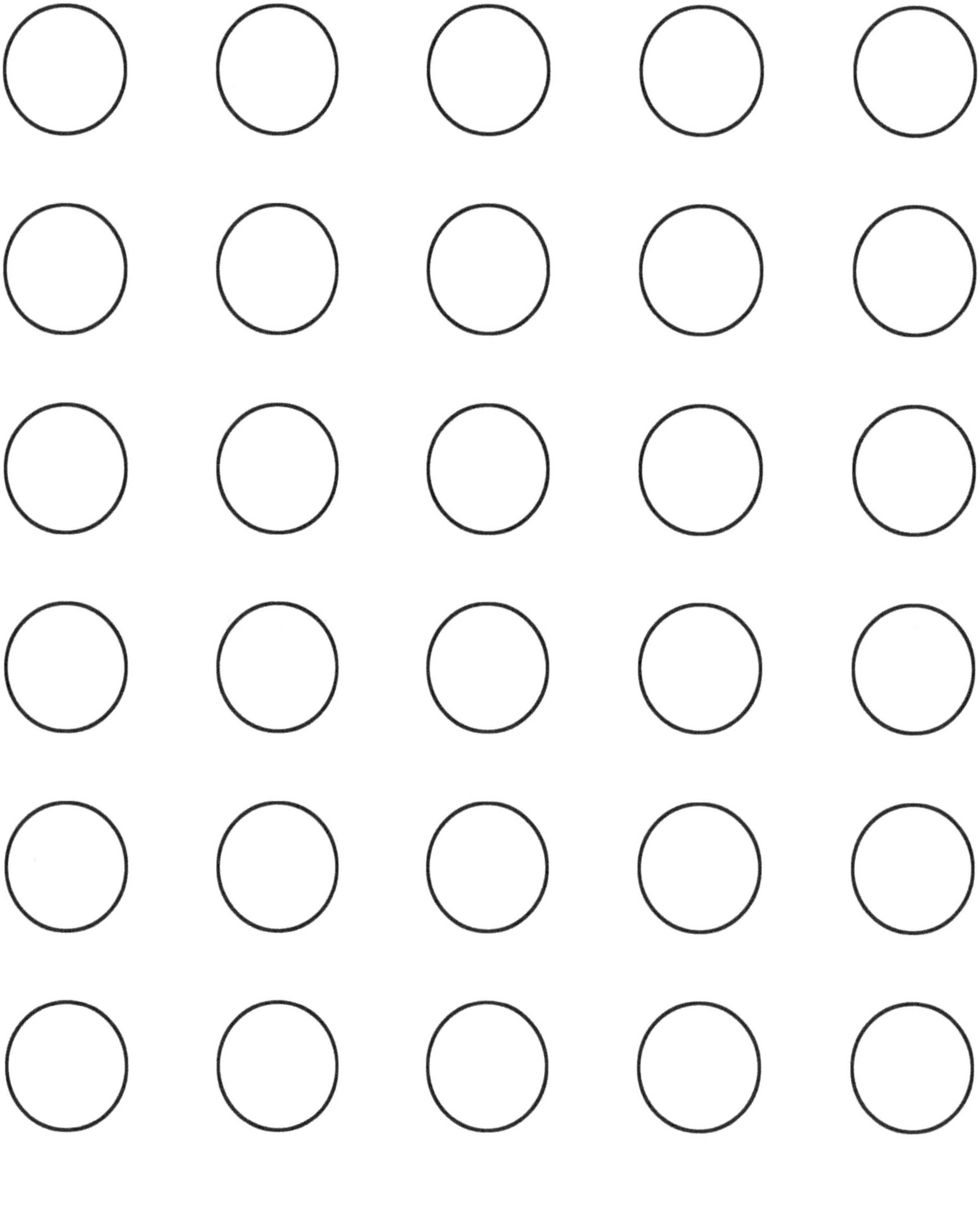

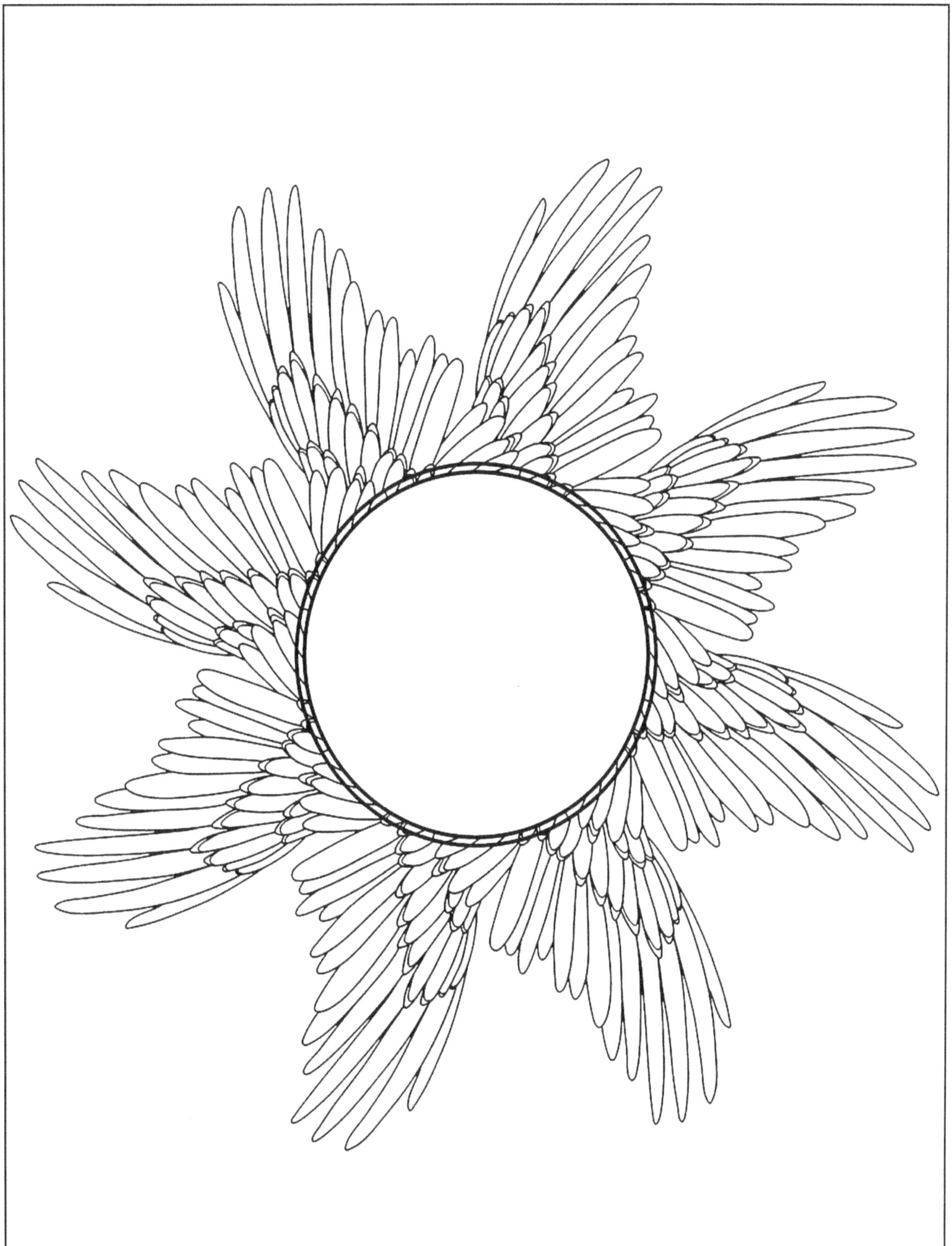

Test Your Color

www.ingramcontent.com/pod-product-compliance
Lightning Source LLC
Chambersburg PA
CBHW080848220526
45467CB00008B/2434
* 9 7 9 8 6 8 9 5 9 4 8 5 9 *